PC 문제의 90%는 이 책으로 해결한다!

된다!

구독자 20만 유튜버

맨날 수리야의

뚝딱뚝딱

내 컴퓨터
문제 해결

PC 고장 수리 & 윈도우 활용 팁

10년 차 엔지니어 김승연 지음

상황별
해결 영상
130개!

이지스퍼블리싱

능력과 가치를 높이고 싶다면
된다! 시리즈를 만나 보세요.
당신이 성장하도록 돕겠습니다.

PC 문제의 90%는 이 책으로 해결한다!

된다! 뚝딱뚝딱 내 컴퓨터 문제 해결 — PC 고장 수리 & 윈도우 활용 팁

Gotcha! Clack Clack My Computer Troubleshooting — Computer Repair Management & Windows Utilization Tip

초판 1쇄 발행 • 2022년 8월 16일
초판 2쇄 발행 • 2023년 1월 20일

지은이 • 김승연
펴낸이 • 이지연
펴낸곳 • 이지스퍼블리싱(주)
출판사 등록번호 • 제313-2010-123호
주소 • 서울시 마포구 잔다리로 109 이지스빌딩 4층
대표전화 • 02-325-1722 | **팩스** • 02-326-1723
홈페이지 • www.easyspub.co.kr | **페이스북** • www.facebook.com/easyspub
Do it! 스터디룸 카페 • cafe.naver.com/doitstudyroom | **인스타그램** • instagram.com/easyspub_it

총괄 • 최윤미 | **기획 및 책임편집** • 임승빈, 이희영 | **IT 1팀** • 이수진, 임승빈, 이수경
교정교열 • 강민철 | **표지 및 본문 디자인** • 트인글터 | **인쇄** • 보광문화사
마케팅 • 박정현, 한송이, 이나리 | **독자지원** • 오경신 | **영업 및 교재 문의** • 이주동, 김요한(support@easyspub.co.kr)

ISBN 979-11-6303-392-9 13000
가격 20,000원

"이제 여러분도 다른 사람을 도와주는 사람이 됩니다!"

한 번 알아 두면 평생 써먹을 거예요!
20만 명이 감탄한 컴퓨터 고장 수리 노하우를 배우세요!

책과 영상으로
함께 배우면?

나도 우리집 컴퓨터를
직접 고치게 된다!

직장에서
인정받게 된다!

"강의 덕분에 직장에서 컴퓨터 고수라는 소리 들었어요!"

유튜브 '맨날 수리야' 구독자들의 한마디!

너무 감동스러워서 실명으로 감사함을 남기고 갑니다. - 이**님

원하던 기능이 바로 딱! 정말 감사합니다~ - k** 님

아… 이렇게 간단하게 해결하다니… 감탄만 나옵니다! - 나** 님

정말 마법이네요! 한번에 해결됐어요! - 정** 님

대단한 노력이십니다. 그냥 사용하려니 죄송한 마음이네요. - g** 님

그의 손을 거쳐 간 컴퓨터만 10,000대 이상! 전문가의 노하우를 담았다!
학교에서, 직장에서 바로 써먹는 PC 수리＆문제 해결법!

갑자기 컴퓨터가 안 켜지거나 인터넷이 안 될 때 여러분은 어떻게 하나요? 경험이 부족한 분이라면 바로 고객 센터에 문의하거나 동네 수리점에 맡길 것입니다. 이 과정에서 적지 않은 시간과 비용이 발생하죠. 알고 봤더니 정말 간단한 문제라서 허탈할 수도 있습니다.

하지만 《된다! 뚝딱뚝딱 내 컴퓨터 문제 해결》 한 권이면 대부분의 PC 문제는 컴맹도, 초등학생도 스스로 해결할 수 있습니다. 제가 10년간 IT 엔지니어로 근무하면서 겪은 PC 고장 수리법을 최대한 쉽게 정리했기 때문이죠. 그뿐만 아니라 제가 운영하는 유튜브, 네이버 카페 등에 올라온 수만 개의 질문에 답변을 달면서 알게 된 사람들이 주로 어려워하는 부분, 자주 발생하는 문제들을 정리하여 중점적으로 다뤘습니다.

언제, 어디서나, 누구에게나 환영받는 'PC 문제 해결 노하우!'

엑셀이나 PPT 활용 능력 등은 개인 업무에 그치지만, 'PC 문제 해결력'은 동료와 직장 상사까지 도울 수도 있습니다. 회사 차원의 수리비와 업무 손실도 줄일 수 있어서 팀장은 물론 CEO로부터도 인정받을 수 있습니다. 더 나아가 간단한 세팅으로 IT 인프라까지 구축해 회사 생산성에도 기여한다면 인사 고과에도 좋은 영향을 줄 것입니다. 또한 'PC 문제 해결력'은 회사 밖에서도 적용되니 친구, 가족, 지인도 도와줄 수 있어 대인 관계에도 큰 도움이 됩니다. 즉, 이 능력은 언제 어디서나 누구에게나 환영받는 노하우이므로, 한번 익혀 두면 평생 유용하게 사용할 수 있습니다.

손이 빠른 능력자들의 비결은 바로 '윈도우 활용 꿀팁!'

PC 문제 해결법뿐만 아니라 모든 사람에게 필요한 '컴퓨터 윈도우 활용 팁'도 담았습니다. 특히 이 내용은 직장인이라면 꼭 알아야 하는 기능을 우선으로 정리했습니다. 회사에서 일 잘한다는 소리를 듣는 사람은 컴퓨터 활용 능력 면에서도 뛰어난 면모를 보입니다. 이 책에서는 업무가 빨라지는 핵심 단축키부터 윈도우, 하드웨어 세팅 방법까지 소개합니다. 저의 노하우를 모두 습득한다면 업무 효율 향상은 물론, 퇴근 시간까지 빨라질 수 있습니다.

PC 문제 해결력은 비대면·재택근무 시대, 개인의 필수 능력!

우리는 코로나19 바이러스로 전례 없는 비대면 시대를 겪었습니다. 회사는 재택근무로, 학교는 화상 수업으로 대체되었죠. 혼란스런 일도 많았는데 그중에 PC 문제도 한몫했을 것입니다. 어제까지만 해도 아무 문제 없었는데 오늘 갑자기 컴퓨터가 안 켜지거나 인터넷이 안 될 때 학교나 회사에 있었다면 주변 도움을 받았을 텐데, 집에서는 그게 안 되니까요. 당장 급한데 AS를 신청하면 시간도 걸리고요. 감염병이 언제 또 유행할지 모르니 앞으로 우리 모두는 기본적인 PC 문제 해결력을 미리 키워 놓아야 합니다!

눈으로 해결 과정을 확인하세요! 동영상 강의와 카페를 통한 질의응답 가능!

글과 사진만으로 이해하기 어려운 실습 부분에는 영상을 준비했습니다. 상세한 내용도 카페 게시판에 올려놓았으며 스마트폰 카메라를 QR코드 가까이 갖다 대면 바로 확인할 수 있습니다. 혹시 내용이 어렵거나 궁금한 점이 있다면 제가 운영하는 '맨날 수리야' 카페 게시판으로 문의해 주세요. 확인하는 대로 답변해 드리겠습니다. 그리고 책을 집필하던 중에 윈도우 11이 출시되었지만, 아직은 윈도우 10 사용자가 더 많아 반영하지 않았습니다. 그래도 윈도우 11 관련 꿀팁은 유튜브, 블로그, 카페에서 꾸준히 공유하고 있으니 참고해 보세요.

언젠가 컴퓨터 전문 서적을 집필해 보겠다는 꿈이 있었는데, 이렇게 빨리 이뤄질 줄은 몰랐습니다. 1년간 이 책을 집필하면서 작가는 물론 출판사 관계자들이 정말 대단하다는 생각을 했습니다. 특히 이지스퍼블리싱과 인연을 맺게 해준 이희영 편집자님과 끝까지 함께해 준 임승빈 편집자님께 마음 깊이 감사를 드립니다. 아울러 소중한 기회를 주신 이지연 대표님 그리고 모든 관계자분들께도 다시 한번 감사하다는 말씀을 드립니다.
끝으로 집필하는 동안 항상 응원해 준 아내와 부모님, 큰 행복을 안겨 주는 딸에게도 고맙고 사랑한다는 말을 전하고 싶습니다.

'맨날 수리야', **김승연** 드림

먼저 컴퓨터의 하드웨어를 수리하려면 기본 도구가 필요합니다. 여기에서 소개할 3가지 물품은 컴퓨터 수리 & 관리를 본격적으로 시작하기 전에 미리 구비해 두면 좋습니다.

드라이버

지나치게 저렴한 드라이버는 내구성이 약해서 부서질 수 있으므로 주의해야 합니다. 노트북 나사는 보통 작고 빡빡한 경우가 많은데, 손잡이가 얇은 드라이버로는 풀기 힘들 수 있습니다. 손잡이가 크고 마찰력이 좋은 고무 재질 드라이버를 추천합니다. 또한 부속이 많은 드라이버보다 일체형 드라이버가 좋고, 팁에 자성이 있으면 편리합니다.

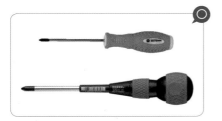

일체형 드라이버를 준비하세요.

손잡이가 얇거나 부속이 많은 드라이버는 필요하지 않아요.

노트북 해체 도구

노트북을 분해할 때 얇은 해체 도구가 있으면 수월합니다. 인터넷에서 '헤라킷' 또는 '롤링툴'로 검색하면 나오는 제품을 추천합니다. 만약 도구가 없다면 임시로 플라스틱 자에 투명 테이프를 1~2번 감아 사용할 수 있지만, 수리에 관심이 많다면 전문 도구 하나쯤 구비해 두는 것이 좋습니다.

노트북 분해
영상 QR

보통 'NOTEKING'에서 나온 헤라킷 롤링툴을 추천합니다.

컴퓨터 먼지 청소 도구

컴퓨터 먼지 청소 도구로는 크게 에어 스프레이와 무선 에어건이 있습니다. 에어 스프레이는 주변 마트에서 3,000원 내외의 싼 가격으로 쉽게 구할 수 있지만, 풍력이 약하고 금방 차가워져서 지속 시간이 짧습니다. 반면에 무선 에어건은 5만 원 내외로 비싸지만 풍력과 지속성이 강하며 PC 청소 외에 차량 청소 등 일상에서도 유용하게 사용할 수 있습니다.

실제 청소 모습
영상 QR

에어 스프레이

무선 에어건

'맨날 수리야'가 소개하는 노트북 & 데스크톱 추천 주변 기기!

혹시 제가 사용하는 장비와 PC 관련 주변 기기가 궁금한 분을 위해 카페에 따로 게시글을 작성해 두었습니다. QR코드나 링크를 통해 확인해 주세요!

저자의 실제 사용
장비 보기 QR

- 노트북 사용자 추천 주변 기기

  cafe.naver.com/msooriya/1229

- 데스크톱 사용자 추천 주변 기기

  cafe.naver.com/msooriya/1412

준비마당

내 컴퓨터와 친해지기

첫째마당

뚝딱! 혼자 고치는 PC 수리 가이드

01 자주 겪는 PC 고장 수리법

인터넷에 접속되지 않을 때

02 누구나 한번쯤 겪는 PC 불편 해결법

블루 스크린이 나타날 때

장치에 문제가 발생하여 다시 시작해야 합
오류 정보를 수집하고 있습니다. 그런 다음
다시 시작합니다.

40% 완료

둘째마당

내 PC 관리를 위한
윈도우 최적화
& 꿀팁

모니터 2대 연결하기

파일 관리하기

인터넷 브라우저 설정하기

Google

Google 검색   I'm Feeling Lucky

Google 제공 서비스: English

셋째마당

도전!
컴퓨터 고수가
되는 지름길

윈도우 초기화하기

데스크톱 업그레이드하기

노트북 업그레이드하기

동영상 강의도 있어요!

이 책은 실습마다 동영상 강의가 첨부되어 있습니다. 책만 봐도 충분하지만, 생생한 강의를 시청하면서 공부하고 싶다면 동영상을 참고하세요!

- **강의 모음:** bit.ly/맨날수리야

도움을 받고 싶으면 '맨날 수리야' 카페에 방문해 보세요

책에 있는 내용으로 컴퓨터 문제 90%는 해결할 수 있지만, 조금 더 구체적인 도움을 받고 싶다면 저자가 운영하는 '맨날 수리야' 카페에 방문해 보세요.

- **카페 주소:** bit.ly/수리야카페

이지스 독자들과 함께 성장하는 Do it! 스터디룸

함께 성장하는 멋진 사람들이 모인 공간! 함께 공부하며 함께 성장해요!

책으로 공부하다 보면 질문할 곳이 마땅치 않아 고민했던 적 많았죠? 질문도 해결하고 친구도 사귈 수 있는 'Do it! 스터디룸'을 소개합니다. 함께 공부하면서 일취월장하는 자신을 발견할 것입니다.

- **카페 주소:** cafe.naver.com/doitstudyroom

회원으로 가입하고 정보를 얻어 보세요

IT 업계의 소식이나 '된다! 시리즈', 'Do it! 시리즈'의 책 정보를 얻고 싶다면 이지스퍼블리싱 홈페이지를 방문해 보세요. 홈페이지 회원으로 가입하면 신간 레터를 받아 볼 수 있습니다. 신간 레터에 전자책 무료 대여 선물도 제공하니, 꼭 홈페이지에 가입해 보세요!

- **이지스퍼블리싱 홈페이지:** www.easyspub.co.kr

내 컴퓨터와 친해지기

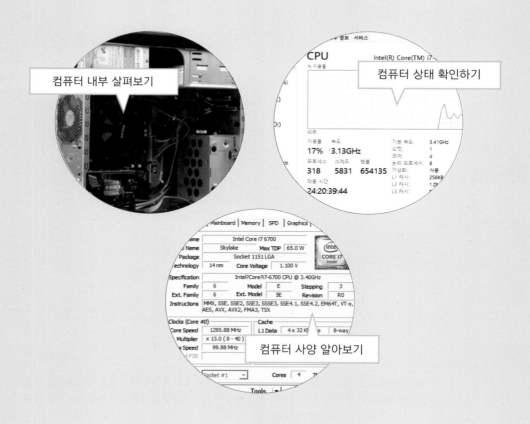

컴퓨터 내부 살펴보기

컴퓨터 상태 확인하기

컴퓨터 사양 알아보기

컴퓨터를 잘 고치고 자유자재로 활용하려면 내 컴퓨터와 먼저 친해져야 합니다. 기본적으로 PC 주요 부품의 역할과 내 PC 사양 정도는 알고 있어야 직접 수리하거나 업그레이드할 수 있겠죠? PC를 직접 분해해서 살펴보면 이해가 빠르겠지만, 지금은 책에 나온 사진을 살펴보고 나중에 고장 났을 때 이 책의 내용을 따라 하면 금방 해결할 수 있을 거예요. 이번 준비마당에서 PC 부품과 사양에 대해 익히면 이후 본문에서 어려운 용어가 나와도 쉽게 이해하고 실습할 수 있습니다.

00-1 컴퓨터 주요 부품의 역할과 기능

먼저 컴퓨터가 작동되기 위한 핵심 부품을 소개하겠습니다. 백과사전처럼 너무나 상세한 설명 대신, 초보자가 알기 쉽게 사람에 비유해 보았습니다.

메인보드(mainboard)

사람에 비유하면 몸입니다. 신체의 여러 기관이 적재적소에 자리잡아 유지하는 것처럼, PC의 모든 부품이 여기에 장착되어야 구동됩니다. 메인보드는 가격이 높고, 호환성에 민감하여, 고장 시 차라리 PC를 교체하는 게 나은 경우도 있습니다.

케이스(case)

사람에 비유하면 옷입니다. 내 몸을 보호하고 꾸며 주는 것처럼, 메인보드와 기타 부품들을 충격과 발열로부터 보호합니다. 사실 고객의 시선을 사로잡는 디자인의 역할이 더 클 것입니다. 그래도 디자인에 현혹되지 말고 PC 사양을 꼼꼼하게 따져야 합니다.

CPU(central processing unit)

사람에 비유하면 두뇌입니다. 두뇌가 모든 행동을 제어하는 생각과 사고, 판단 등의 역할을 하는 것처럼, 사용자의 조작에 따라 PC가 프로세스를 수행할 수 있도록 명령을 내립니다. 가격이 비싼 편입니다. 게임은 i5도 무난하지만, 렌더링, 알고리즘 처리 작업이 많다면 i7이나 i9을 추천합니다.

메모리(RAM)

사람에 비유하면 팔입니다. 비현실적인 말이지만, 팔이 많을수록, 팔 힘이 셀수록, 동시에 작업할 수 있는 양이 많아질 것입니다. 무거운 프로그램을 실행하거나, 창을 여러 개 띄웠을 때 PC가 버벅인다면, 대부분 메모리 사양이 낮기 때문인 경우가 많습니다. 데스크톱 RAM은 길쭉하고, 노트북 RAM은 짧은 편입니다. 호환성이 까다롭기 때문에 컴퓨터 업그레이드 계획이 있다면 반드시 제 가이드를 참고해 보세요 (284쪽 참고). 요즘은 최소 8GB, 게임 또는 영상, 그래픽 업무 등은 16GB 이상을 권장합니다.

그래픽 카드(graphic card)

사람에 비유하면 운동 신경입니다. 스포츠 선수의 화려한 플레이는 운동 신경에서 나옵니다. 일반 업무나 인터넷 서핑 등은 내장 그래픽 카드도 무난하지만, 고사양 게임이나 3D 프로그램 등을 사용할 때는 외장 그래픽 카드 사양이 높아야 빠르고 부드럽게 작동됩니다. 그래픽 카드는 PC 부품 중에서 가격대가 제일 높습니다. 용도, 사양에 따라 몇 십만 원 대에서 몇 백만 원 대까지 이릅니다.

디스크(disk)

사람에 비유하면 기억력입니다. PC의 모든 데이터가 저장되는 공간입니다. 예전에는 하드디스크(HDD, hard disk)만 있었기에 '하드'라고 부르기도 했지만, 이제는 거의 SSD(solid state disk)로 대체되었고, 2.5인치, M.2 SATA, NVMe 등 종류가 많습니다. SSD는 HDD보다 10배 이상 빠르지만, 동일 용량 대비 3~5배 정도 비쌉니다.

파워 서플라이(power supply)

사람에 비유하면 심장입니다. 아무리 머리, 팔, 운동 신경 등이 좋아도 에너지의 원천인 심장이 없으면 안 되겠죠. 즉, PC에 전원을 공급하는 전력 장치입니다. 전력량(w)이 적으면, 가끔 PC 부팅이 잘 되지 않거나, 갑자기 전원이 꺼질 수 있으니, 500W 이상을 권장합니다.

데스크톱 내부

사진 한 장으로 데스크톱 내부를 모두 보여 주기는 어렵고 PC 제조사, 모델마다 내부 구조가 천차만별이지만 데스크톱 본체 내부는 대략 이렇게 생겼습니다. 케이스 안에 메인보드, 파워 서플라이, 디스크, CD롬이 각각 장착되고, 케이블을 통해 메인보드와 연결됩니다. CPU, 메모리, 그래픽 카드는 메인보드에 직접 장착되는 구조를 갖습니다. 대부분 탈부착이 가능해, 수리, 교체, 업그레이드가 용이하지만 호환성을 잘 따져봐야 합니다.

노트북 내부

노트북 또한 제조사, 모델마다 내부 구조가 천차만별이지만, 하판을 개봉하면 대략 이렇게 생겼습니다. 노트북은 데스크톱과 달리, 하판 분해가 쉽지 않으며 임의로 분해할 경우 무상 A/S가 불가능한 모델도 있습니다. 노트북은 사양이 낮거나 발열 문제가 있어서 고사양 게임, 업무용으로는 데스크톱을 권장합니다.

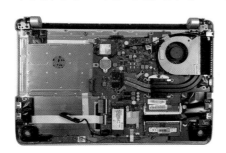 

00-2 내 컴퓨터의 사양과 성능 확인하기

여러분의 PC 성능과 사양을 확인해 보겠습니다. 고장 수리나 업그레이드를 위해 필수적으로 알아야 하는 내용이기도 하지만, 누군가 내 PC 사양을 물어봤을 때 대답하지 못하면 민망할 수도 있겠죠? PC 사양을 확인하는 방법은 굉장히 간단하지만, 상황별로 다른 방법이 필요할 수도 있어 모두 소개합니다.

하면 된다! ✏ 시스템 창에서 컴퓨터 사양 확인하기   난이도 ★☆☆

1. 키보드 ⊞+🅧를 눌러 다음의 메뉴를 열고 [시스템]을 클릭합니다. [설정] 창 오른쪽에 내 PC 사양이 간단히 나타날 텐데, 다음 화면을 간단히 요약하면 다음과 같습니다.

2. 한 번 더 ⊞+X를 눌러 다음의 메뉴를 열고 [장치 관리자]를 클릭합니다. [장치 관리자] 창에서 [디스플레이 어댑터]를 더블클릭하면 여러분 PC에 설치된 그래픽 카드 정보가 나타납니다.

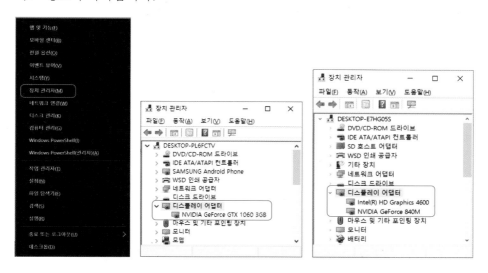

앞의 방법으로 내 PC 사양을 간단히 확인할 수는 있지만, 고장 수리나 업그레이드를 받을 때는 더 정확한 정보가 필요합니다. 예를 들어, 고객 센터에 문의할 때 각 부품의 모델명이나 버전, 슬롯 개수 등을 알아야 답변을 받을 수 있고, 부품 등을 직접 구매하거나 교체할 때도 필수적인 정보입니다. Ctrl+Shift+Esc를 눌러 [작업 관리자]를 열면 [성능] 탭에서 각 부품의 자세한 정보 및 현재 점유율까지 확인할 수 있습니다.

함께 보면 좋은
동영상 강의

[작업 관리자] 창에서 프로그램 이름 외에 다른 정보가 보이지 않는다면 창 하단에 [자세히]를 클릭해 보세요.

[작업 관리자] 창에서 확인할 수 있는 주요 정보와 예시는 다음과 같습니다.

❶ CPU: Intel® Core™ i7-6700 CPU @ 3.40GHz

❷ 메모리(RAM): 총 16GB. 사용된 슬롯이 '2/2'이므로 슬롯 총 2개(1개 메모리 8GB) 중 2개를 사용한다는 뜻입니다.

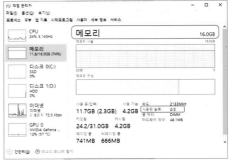

❸ 디스크 0(C 드라이브): SSD 233GB(WDC WDS250G2B0B-00YS70)

❹ 디스크 1(D 드라이브): HDD 932GB(WDC WD10EZEX-22MFCA0)

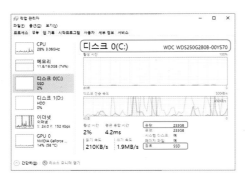

❺ 이더넷(랜선): 유선 랜 카드 모델명(Realtek PCIe GbE Family Controller), 현재 트래픽 상태와 IP 주소가 나타납니다.

❻ Wi-Fi: 무선 랜 카드 모델명(Intel® Wireless -AC 9462) 현재 트래픽 상태와 SSID, IP 주소 등이 나타납니다.

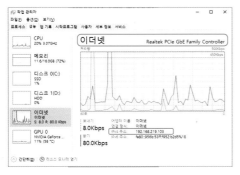
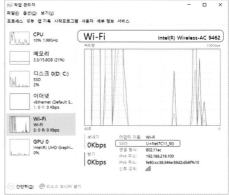

❼ 내장 그래픽 카드: Intel® UHD Graphics

❽ 외장 그래픽 카드: NVIDIA GeForce GTX 1060 3GB

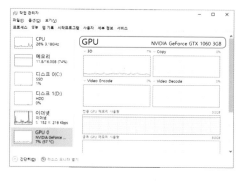

사양을 조금 더 자세히 확인하는 4가지 방법

1. DirectX 진단 도구(dxdiag)로 확인하기

[작업 관리자] 창의 [성능] 탭에서는 모든 내용을 한눈에 확인하고 어렵고 메인보드 정보가 없다는 한계가 있는데, 이 단점을 개선한 방법을 소개합니다. ⊞+Ⓡ을 눌러 [실행] 창을 열고 dxdiag를 입력하고 [확인]을 누릅니다. 첫 화면에서 메인보드 정보를 포함한 대부분의 사양을 확인할 수 있습니다.

함께 보면 좋은
동영상 강의

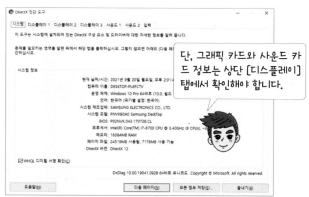

단, 그래픽 카드와 사운드 카드 정보는 상단 [디스플레이] 탭에서 확인해야 합니다.

2. 시스템 정보(msinfo32)에서 확인하기

다소 복잡해서 추천하지는 않지만 이런 방법도 있음을 알려드립니다. ⊞+®을 눌러 [실행] 창을 열고 msinfo32를 입력하고 [확인]을 누릅니다. 첫 화면 [시스템 요약]에서 주요 정보를 확인할 수 있고, 왼쪽 메뉴를 통해 세부 정보도 볼 수 있습니다.

3. CPU-Z 프로그램으로 확인하기

이번에는 내 PC 사양의 자세한 정보를 한눈에 쉽게 보여 주는 무료 프로그램인 CPU-Z를 소개하겠습니다. 카페 게시판에서 내려받아 바로 실행하면 다음과 같은 화면이 나타납니다. 상단 탭을 눌러 각 부품의 상세 정보를 확인할 수 있는데, 주로 [CPU], [Mainboard], [Memory], [SPD], [Graphics] 정보가 많이 활용됩니다.

＊ CPU-Z 다운로드 주소: cafe.naver.com/msooriya/1934

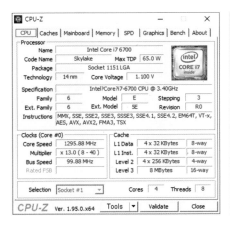
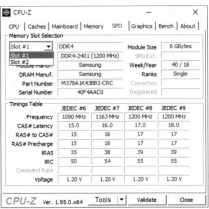

4. Speccy 프로그램으로 확인하기

이번에도 무료 프로그램인 Speccy를 소개합니다. 이 또한 CPU–Z와 기능이 비슷한데, [Summary] 탭으로 주요 정보를 한눈에 보기 쉽다는 장점이 있습니다. 왼쪽의 각 부품 명칭을 선택하면 상세 정보를 확인할 수 있습니다.

> * Speccy 다운로드 주소: cafe.naver.com/msooriya/1971

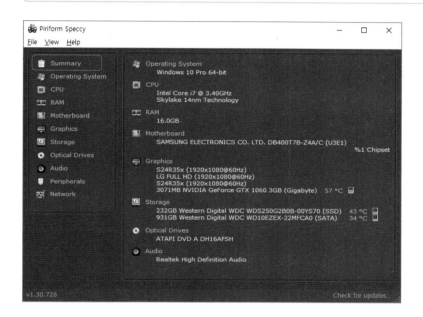

첫째마당

뚝딱!
혼자 고치는
PC 수리 가이드

인터넷에 접속되지 않을 때

블루 스크린이 나타날 때

컴퓨터가 켜지지 않을 때

멀쩡하던 컴퓨터가 갑자기 켜지지 않거나, 인터넷에 접속되지 않을 때 난감했던 경험이 한 번쯤은 있을 겁니다. 여러분은 이럴 때 어떻게 하나요? 보통 고객센터에 문의하거나 수리점에 맡길 텐데, 저녁이나 공휴일에는 기다리기도 답답하고 수리비도 부담될 겁니다.

컴퓨터가 되긴 하는데 불편한 경우는 해결하기가 더 애매합니다. 컴퓨터나 인터넷이 느릴 때 사소한 오류가 발생할 때 고객센터에 문의하면 포맷이나 교체, 업그레이드 등의 정석적인 방법으로 권유하는 경우가 많고 그게 가장 빠른 방법일 수도 있습니다.

하지만 이 책에서는 스스로 해결할 수 있는 방법을 차근차근 소개하여 독자분들의 역량을 높이는 데 초점을 두었습니다. 첫째마당에서는 컴퓨터가 자주 고장나는 경우와 해결법을 쉬운 순서대로 살펴보겠습니다.

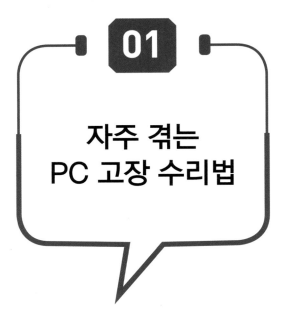

자주 겪는
PC 고장 수리법

제가 IT 관리자로 다년간 근무하면서 가장 많이 수리했던 내용을 모아 봤습니다. 반대로 말하면, 많은 사람들이 자주 겪는 PC 고장이 되겠습니다. 컴퓨터 불량, 파손 시에는 당연히 교체해야겠지만, 의외로 간단하게 고칠 수 있는 경우가 많습니다. 고장이 발생했을 때 차근차근 따라 해서 비용도 아끼고 노하우도 익히기 바랍니다.

01-1 인터넷에 아예 접속되지 않을 때

인터넷이 먹통이 되면 컴퓨터가 켜지지 않는 것보다 더 답답합니다. 컴퓨터는 수리점에 맡겨도 되지만, 인터넷은 엔지니어 방문 일정도 맞춰야 하고, 윈도우도 함께 점검해야 하니까요. 컴퓨터는 오래 쓰기 때문에 고장 날 수 있지만, 인터넷은 보통 3년마다 재가입하면서 모뎀도 교체하기 때문에 장비 고장은 많지 않습니다. 그래서 대부분은 주변 점검이나 PC 설정으로 간단하게 해결할 수 있는데, 쉬운 순서대로 알아보겠습니다.

인터넷에 접속되지 않을 때 가장 먼저 할 일은 스마트폰이나 노트북 또는 다른 PC에서도 인터넷이 안 되는지 확인하는 것입니다. 몇 가지로 기본적인 사항을 확인해 보세요.

이렇게 해결할 거예요!

이미 확인해 보았다면 체크 표시 후 넘어가세요!

1. 멀티 탭, 공유기, 모뎀 전원 및 케이블 확인하기 ☑
2. 랜선 연결 및 파손 여부 확인하기 ☐
3. IP 주소 확인하기(자동 또는 수동 입력) ☐

하면 된다! ▶ 연결 및 파손 확인하기   난이도 ★☆☆

1. 멀티 탭, 공유기, 모뎀 상태 확인하기(전원 및 케이블)

가장 쉬운 경우입니다. 멀티 탭 전원이 꺼져 있다면 켜고, 전원 케이블이나 랜선이 빠져 있으면 다시 꽂을 때 대부분 해결될 것입니다. 반대로 전원이 켜져 있어도 케이블들이 살짝 빠져 있을 수 있기에 모든 전원 케이블과 랜선을 뺐다가 다시 꽂아 보세요.

함께 보면 좋은
동영상 강의

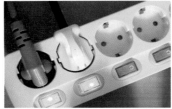

가끔 잘 꽂힌 것처럼 보여도 제대로 꽂히지 않은 경우가 있습니다!

2. 컴퓨터 랜선 연결 상태 확인하기

가끔 PC에서 랜선이 빠지는 경우가 있는데, 다시 꽂으면 대부분 해결되니 쉬운 경우입니다. 멀쩡해 보여도 살짝 빠져 있을 수 있으니 뺐다가 다시 꽂아 보세요.

3. 랜선 고리 파손 여부 확인하기

혹시 랜선 끝부분의 플라스틱 고리가 파손되어 있다면 랜선을 즉시 교체하세요. 플라스틱 고리는 랜 포트에 꽂았을 때 빠지지 않게 고정하는 부분인데, 이대로 쓰면 계속 빠지게 됩니다. 랜선은 편의점이나 마트에서 쉽게 구할 수 있고, PC와 공유기에 연결된 기존 랜선을 뽑고 새 랜선을 꽂으면 됩니다.

정상

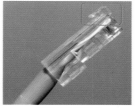
고리 없음(파손)

투명한 플라스틱 부분의 정확한 명칭은 RJ45 커넥터이며, 이 부분만 교체하고 싶다면 피복을 벗겨 새로 만들거나 커버를 씌우는 방법이 있습니다. 초보자는 어려울 수 있으니 랜선 교체를 권합니다. 직접 교체에 도전해 보고 싶다면 실습 영상을 참고해 보세요.

4. 랜선 케이블 파손 여부 확인하기

랜선 상태가 좋지 않거나, 케이블 중간중간 눌린 부분이 있는지 확인하세요. 선이 길면 책상이나 가구에 찍혀 내부 전선이 끊어졌을 수 있습니다.

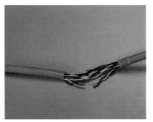

5. 모뎀, 공유기의 랜선 연결하기

이번에는 인터넷 연결 구조가 잘못됐는지 확인합니다. 이 경우는 인터넷이 갑자기 안 되기보다는, 이사하거나 장비를 교체했을 때 종종 생기는 문제입니다. 그래도 다른 변수가 있을 수 있으니 꼭 확인해 보세요.

먼저 메인 랜선이 메인 포트가 아닌 하위 포트에 꽂힌 건 아닌지 확인합니다. 공유기를 보면 '인터넷', 'WAN' 또는 3개 점(∴)이 표시된 노란색 포트가 메인 포트이고, 'LAN' 또는 점(·)으로 표시된 포트가 하위 포트입니다. 보통 벽에서 나온 메인 랜선을 모뎀의 메인 포트에 꽂고, 모뎀의 하위 포트에서 나온 랜선을 공유기의 메인 포트에 꽂은 다음, 그 밑으로 TV 셋톱박스나 PC를 사용하는 구조입니다.

요즘에는 모뎀과 유무선 공유기 기능이 1대로 통합된 경우도 있습니다.

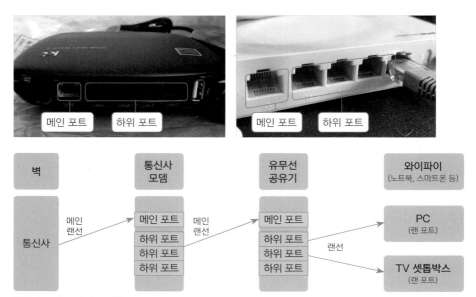

통신사 모뎀, 공유기 분리형

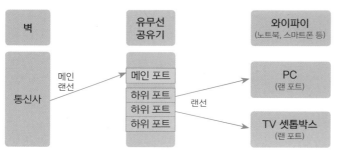

통신사 모뎀, 공유기 일체형

하면 된다!♪ PC로 진단하기   난이도 ★☆☆

1. 자동 문제 해결하기

외관상으로 문제가 없다면 PC 내부에서 인터넷 설정을 고쳐
봐야 합니다. 먼저 윈도우 [시작 → 설정]을 클릭합니다.

함께 보면 좋은
동영상 강의

2. [설정] 창에서 [네트워크 및 인터넷 → 상태 → 네트워크 문제 해결사]를 클릭합니다.

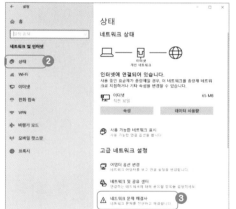

3. 랜선, 와이파이 사용 여부에 맞게 선택하고 [다음]을 클릭합니다. 단, 노트북 와이파이를 사용하는데 랜선도 꽂혀 있다면, 랜선을 뽑고 진행하세요.

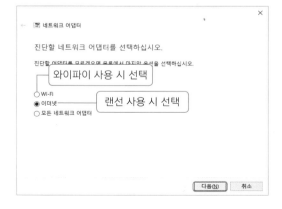

4. 지금부터는 PC 문제 원인에 따라 내용이 조금씩 다를 수 있지만 큰 흐름은 비슷하기에 최대한 따라 해보세요. [이 복구를 관리자 권한으로 실행]을 클릭하고 [이 해결 방법을 적용합니다]를 선택합니다.

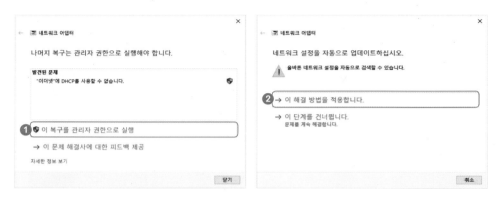

5. 다음과 비슷한 내용으로 진행되다가 '문제 해결을 완료했습니다.'라는 메시지가 뜨면 인터넷이 잘 되는지 확인해 보세요.

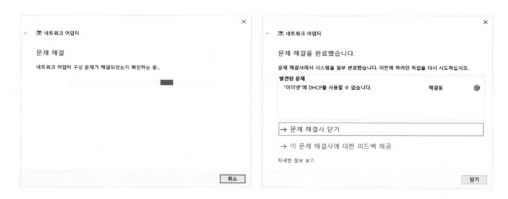

6. 어댑터 옵션 사용 여부 변경하기

만약 앞의 방법이 안 된다면 따라 해보세요. 윈도우에서 [시작 → 설정 → 네트워크 및 인터넷 → 어댑터 옵션 변경]을 클릭합니다.

7. 랜선으로 인터넷을 연결한 경우에는 [이더넷]에, 와이파이로 인터넷을 연결한 경우에는 [Wi-Fi]에 [마우스 오른쪽 클릭 → 사용 안 함]을 선택했다가 다시 [사용]을 누릅니다.

랜선 사용 시

와이파이 사용 시

하면 된다! ✦ IP 설정 확인하기(자동/수동)

난이도 ★★☆

노트북을 사용하는 학생, 직장인이 이 문제를 많이 겪을 것입니다. 일반 가정집에서는 IP 주소 입력이 필요 없는 자동 IP(DHCP)를 사용하고, 회사 등에서는 보안상 IP 주소를 입력해야 하는데, 아직 입력하지 않았거나 잘못 설정했을 수 있습니다. 반대로 회사 PC를 카페 등 외부에서 사용한다면 반드시 자동 IP로 변경해야 합니다.

함께 보면 좋은
동영상 **강의**

* IP(internet protocol)란 우리 집의 주소처럼, 인터넷에서 적용되는 내 PC의 통신 주소를 뜻합니다. 보통 4칸의 3자리 숫자로 구성되어 있습니다(예: 192.168.100.150).

1. 윈도우에서 [시작 → 설정 → 네트워크 및 인터넷 → 어댑터 옵션 변경]을 클릭하세요.

> 어댑터 옵션 변경은 34쪽 '어댑터 옵션 사용 여부 변경하기'를 참고하세요.

2. 랜선으로 인터넷을 연결한 경우에는 [이더넷]에, 와이파이로 인터넷을 연결한 경우에는 [Wi-Fi]에 [마우스 오른쪽 클릭 → 속성]을 누릅니다.

와이파이 사용 시

랜선 사용 시

3. [인터넷 프로토콜 버전 4(TCP/IPv4)]를
선택하고 [속성]을 클릭합니다.

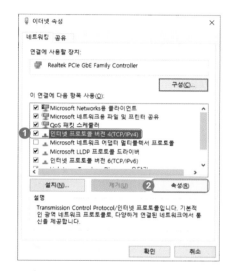

4. 자동 IP를 쓰는 경우 [자동으로 IP 주소
받기]와 [자동으로 DNS 서버 주소 받기]를
선택하고 [확인]을 클릭합니다.

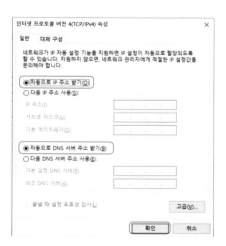

5. 수동 IP를 쓰는 경우 [다음 IP 주소 사용]을 선택하고 모든 IP 주소를 입력해야 합니다. 해당 IP 주소는 IT 담당자에게 문의하세요. 마찬가지로 [다음 DNS 서버 주소 사용]을 선택하고 기본 설정 DNS 서버 주소를 입력합니다.

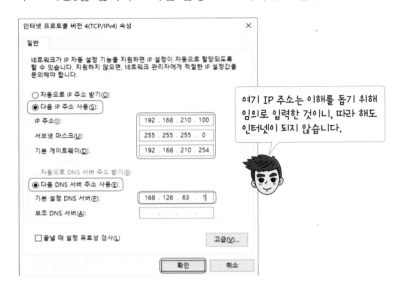

여기 IP 주소는 이해를 돕기 위해 임의로 입력한 것이니, 따라 해도 인터넷이 되지 않습니다.

하면 된다! ▶ 공유기와 통신사 모뎀 초기화하기　　난이도 ★☆☆

이제는 공유기, 모뎀의 설정을 모두 초기화해 보겠습니다. 다른 PC나 스마트폰 와이파이가 잘 되더라도, 공유기 내부에서 내 PC와의 연결 설정에 문제가 있을 수 있습니다. 초기화는 아주 간단하고 1분 안에 완료되지만, 인터넷이 모두 끊기고 와이파이 암호도 초기화되므로, 다른 사용자가 있다면 사전에 미리 협의해야 합니다. 공유기, 모뎀을 동시에 초기화하는 것보다는, 공유기를 먼저 시도해 보고 안 될 때 모뎀을 초기화하는 것이 좋습니다.

함께 보면 좋은
동영상 **강의**

1. 공유기와 통신사 모뎀은 겉모습부터 초기화 버튼 명칭도 모두 다르지만, 앞뒤를 살펴보면 거의 'RST', 'Reset', '초기화'라고 표시된 작은 구멍이 있습니다. 이쑤시개나 클립처럼 얇고 뾰족한 물체로 약 10초간 눌렀다가 떼보세요.

눌렀을 때 '딱' 하고 눌리는 느낌이 듭니다.

2. 약 10초 후 구멍에서 물체를 뗐을 때 LED 등이 전부 점멸하다가 정상으로 돌아올 텐데, 이 또한 모델이나 통신 구성에 따라 LED 표시가 모두 다릅니다. 그래도 약 1분이면 초기화가 끝나고 정상화되니 인터넷이 잘 되는지 확인해 보세요.

하면 된다! ▶ 유선 랜 드라이버 재설치하기   난이도 ★☆☆

드라이버 재설치는 다소 어렵고 번거롭지만 꼭 해봐야 하는 방법입니다. 유선 랜 드라이버를 재설치하는 방법은 3가지가 있으며 순서대로 시도해 보세요. 기존 드라이버를 제거한 후에 신규 드라이버를 설치하는 게 정석이지만, 경험상 제거하지 않고 그대로 설치해도 거의 문제가 없었기에 편하게 따라 할 수 있습니다.

함께 보면 좋은
동영상 **강의**

1. 윈도우 업데이트로 드라이버 재설치하기

윈도우 10부터는 윈도우 업데이트만으로도 각종 드라이버들이 재설치되는 경우가 많습니다. ▦를 누르고 업데이트 확인을 검색하여 바로 실행합니다. 현재 최신 상태로 나타나더라도 [업데이트 확인]을 누릅니다.

2. 다음과 같이 윈도우 업데이트 파일이 설치되며, [지금 설치] 또는 [지금 다시 시작]이 나타나면 클릭합니다. 모든 업데이트가 완료되고 PC가 재부팅되면 인터넷이 잘 되는지 확인해 보세요.

3. 3DP Net으로 드라이버 재설치하기

앞의 방법으로 안 된다면 따라 해보세요. 3DP Net이란 대부분의 컴퓨터와 호환되는 랜 카드 통합 드라이버를 설치할 수 있는 무료 프로그램입니다. 3DP Net 웹사이트(3dpchip.com)에서 3DP Net을 내려받습니다.

4. 3DP Net을 실행하여 설치합니다. [OK]를 클릭하고 설치가 완료되면 창이 닫힙니다.

5. 3DP Net이 바로 실행되는데, [랜 카드]를 클릭하고 해당 드라이버를 선택한 뒤 [랜 카드]를 다시 누르면 설치 화면이 나타납니다. 이때 PC마다 명칭은 조금씩 다르 겠지만, 대부분 다음 규칙을 참고하면 수월합니다.

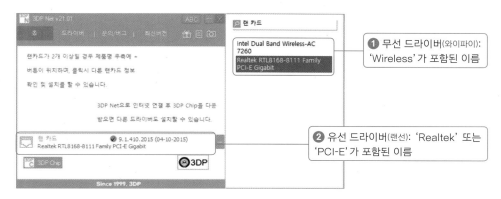

6. 설치 화면은 유무선 상관없이 다음과 비슷하며 [다음 → 마침]을 클릭하여 완료 합니다.

⚙️ 앞의 방법을 전부 적용해도 안 됩니다.

제조사 공식 드라이버를 내려받아 재설치해 보세요. 윈도우를 업데이트하고 3DP Net을 설치해도 안 된다면 가장 정석적인 방법으로 드라이버를 설치해야 합니다. 하지만 PC 제조사마다 다운로드 사이트와 방법이 다르므로, 삼성과 LG 기준으로 간략히 소개하겠습니다. 다른 제조사는 카페 게시판을 참고해 보세요.

> * 모든 제조사별 드라이버 다운로드 사이트: cafe.naver.com/msooriya/1945

1. 데스크톱의 옆면이나 노트북 아랫면에 부착된 스티커를 보고 모델명을 확인합니다.

2. 각 공식 홈페이지에서 모델명으로 검색하여, 드라이버를 내려받아 설치하면 됩니다.

> * 삼성 드라이버 자료실: www.samsungsvc.co.kr/download

* LG 드라이버 자료실: www.lge.co.kr/support/product-manuals?title=driver

드라이버/SW 23건

드라이버/소프트웨어는 LG Update Center[통합 드라이버 설치 프로그램]을 통해 편리하게 설치해 보세요.   LG Update Center 가기 >

[15N540]

예시 : 통합 드라이버 설치 프로그램, 무선랜

운영체제(OS) 선택

Windows 10

· 제목을 선택하면 상세내용을 확인할 수 있습니다.

[Windows 10] [프로그램]LG상담센터(LGsupport center) Ver 1.0.1511.0501
노트북/엠직 2016.08.19   [다운로드 6MB]

[Windows 10] [비디오/Win10_64bit] intel HD Graphics 드라이버 Ver10.18.15.4248
노트북/엠직 2018.06.11   [다운로드 170MB]

[Windows 10] [사운드/Win10_64bit] Realtek High Definition Audio 드라이버 Ver 6.
0.1.7525
노트북/엠직 2016.10.14   [다운로드 196MB]

[Windows 10] [칩셋/Win10_64bit] Intel Chipset 드라이버 Ver 10.1.1.9
노트북/엠직 2017.03.21   [다운로드 3MB]

하면 된다!〉 랜 카드 재장착 및 교체하기   난이도 ★★☆

앞의 모든 방법으로도 안 된다면, 인터넷 연결을 직접적으로 담당하는 유무선 랜 카드에 문제가 있을 수 있습니다. 이물질이나 충격 등으로 미세한 틈이 있을 수 있으니, 재장착을 시도해 봐야 합니다. 그래도 안 된다면 고장 났을 확률이 높으니 교체해야 합니다. 랜 카드는 가까운 컴퓨터 매장이나 인터넷에서 구매할 수 있습니다.

함께 보면 좋은
동영상 강의

컴퓨터를 구입한 지 얼마 되지 않았거나 무상 A/S 기간이 남았다면 구입처에서 무상으로 교체받을 수 있으니 확인해 보세요.

PCIe = Gigabit PCI Express Card

1. 랜 카드를 구매했다면 데스크톱의 덮개를 열고 슬롯(❶)에 장착합니다. 보통 랜 카드(❷)를 고정할 자리가 철판(❸)으로 막혀 있어서 제거해야 합니다. 철판을 제거하려면 십자(+) 구멍(❹)에 십자 드라이버를 꽂아 상하좌우로 흔들면서 부러뜨려야 합니다.

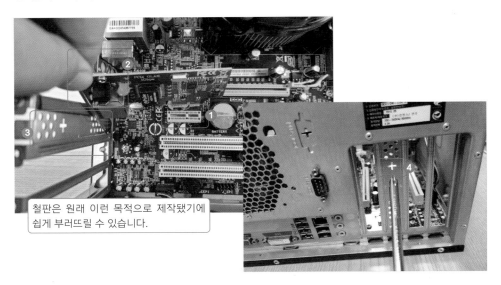

철판은 원래 이런 목적으로 제작됐기에 쉽게 부러뜨릴 수 있습니다.

2. 슬롯에 랜 카드를 장착하고 나사를 조여 고정합니다.

3. 데스크톱 덮개를 다시 닫고, 기존 랜선을 뽑아 새로 설치한 랜 카드 포트에 꽂습니다.

4. PC를 부팅한 다음 랜 카드를 구매할 때 동봉된 CD로 드라이버를 새로 설치하고 인터넷이 잘 되는지 확인해 보세요. 안 된다면 랜선을 뽑았다가 다시 꽂아 보고, 재부팅도 한 번 더 해보세요.

🔧 **너무 어려워요. 더 쉬운 방법은 없을까요?**

그렇다면 USB 랜 포트나 USB 무선 랜 카드를 사용해 보세요. 꽂기만 하면 연결되서 편합니다. 하지만 작은 흔들림에도 연결이 끊어질 수 있어서 주의가 필요합니다. 인터넷에서 'USB 랜 포트', 'USB 무선 랜 카드'를 검색하거나 카페 게시판을 참고해 보세요.

> * 데스크톱 와이파이 사용 방법:
> cafe.naver.com/msooriya/1944

함께 보면 좋은
동영상 **강의**

USB 랜 포트(약 1만 원대)

USB 랜 카드(약 1만 원대)

🔧 **노트북 랜 카드는 어떻게 교체하나요?**

노트북은 데스크톱과 달리, 유선 랜 카드를 별도로 꽂을 수 없어 메인보드를 교체하는 경우가 많습니다. 무선 랜 카드 교체는 가능하지만 데스크톱보다 난이도가 더 높습니다. 그래도 필요하다면 실습 영상을 참고해 보세요.

함께 보면 좋은
동영상 **강의**

01-2 인터넷은 연결되었지만 느릴 때

이 상황은 인터넷이 아예 안 되는 게 아니라서 A/S 수리 기사를 부르기가 애매합니다. 정작 수리점에 컴퓨터를 가져가서 보면 속도가 멀쩡할 수도 있고요. 그래도 기초 점검과 윈도우 설정을 통해 인터넷 속도를 최대로 끌어올려 볼 수 있는데, 그런 다음에도 만족스럽지 않다면 통신사나 PC 수리점에 상세하게 설명할 수 있고 정확한 도움을 받을 수 있을 것입니다.

인터넷이 느린 이유는 크게 2가지가 있습니다. 지금 사용하는 인터넷 상품의 속도가 낮거나 공유기나 PC 사양이 낮은 경우입니다. 따라서 모든 환경 조건이 충족되야 최대 속도를 낼 수 있는데, 가장 간단하고 기본적인 내용부터 확인해 보겠습니다.

이렇게 해결할 거예요!
이미 확인해 보았다면 체크 표시 후 넘어가세요!

1. 인터넷 가입 상품 확인하고 속도 측정하기 ☑

2. 와이파이 주파수 및 설정 확인하기 ☐

3. 인터넷 브라우저 초기화하기 ☐

하면 된다!▶ 인터넷 가입 상품 및 랜선 확인하고 속도 측정하기   난이도 ★☆☆

1. 인터넷 가입 상품 확인하기

가장 중요한 것은 현재 가입한 인터넷 상품의 속도입니다. 100M로 가입했다면 1G(=1000M)가 지원되는 공유기나 PC를 사용해도 최대 속도가 100M로 적용됩니다. 하지만 실제 인터넷 속도는 환경 변수에 따라 가입 속도만큼 나오지는 않으며 평균적인 속도는 다음과 같습니다.

함께 보면 좋은
동영상 강의

* 100M 상품 = 80Mbps 정도

* 500M 상품 = 400Mbps 정도

* 1G 상품 = 800Mbps 정도

* 10G 상품 = 8,000Mbps 정도

2. 인터넷 속도 측정하고 대칭형/비대칭형 구분하기

내 PC의 실제 인터넷 속도를 측정하기 위해 한국지능정보사회진흥원 사이트(speed.nia.or.kr)에 접속합니다. 상단 메뉴의 [인터넷 속도]를 클릭하고 여러분의 통신사, 계약 상품, 지역을 선택한 다음, 약관에 동의하고 [측정하기]를 누릅니다.

3. 측정 결과를 보면 100M 상품 기준으로 [다운로드 속도: 94.91Mbps], [업로드 속도: 96.33Mbps], [지연 시간 8.4ms]로 준수한 수치가 나왔습니다.

지연 시간은 핑이라고도 하며, 내 PC에서 서버로 정보를 보냈다가 다시 돌아오는 시간을 의미합니다.

대칭형 인터넷(다운로드, 업로드 속도가 비슷)

4. 이때 다운로드, 업로드 속도가 비슷하다면 대칭형이며, 업로드 속도가 매우 낮다면 비대칭형으로 인터넷이 불안정하고 느려질 수 있습니다. 만약 비대칭형이라면 대칭형 상품으로 변경하는 게 좋습니다.

비대칭형 회선은 업로드 속도도 낮고 지연 시간도 불안정한데 대칭형과 비용은 같은 경우가 많으므로 반드시 확인하는 게 좋습니다!

비대칭형 인터넷(다운로드, 업로드 속도 차이가 큼)

5. 모뎀, 공유기 최대 속도 확인하기

가입 중인 인터넷 상품의 최대 속도가 1G라고 해도, 하위 장비(모뎀, 공유기, PC 등)의 최대 속도가 500Mbps, 100Mbps라면 최저 속도로 적용됩니다. 보통 인터넷 모뎀, 공유기는 인터넷 가입 시 제공되기 때문에 제 속도에 맞겠지만, 개인 공유기(ipTIME 등)를 사용한다면 최대 속도를 확인해 봐야 합니다.

아래 예시를 보면 최대 랜선 속도는 1000Mbps(WAN Interface와 LAN Interface)이며, 최대 와이파이 속도는 867Mbps(Wireless Interface: 802.11 a/b/g/n/ac 호환)입니다.

제품 상자나 설명서 또는 인터넷에서 모델명 검색으로 상세 스펙(사양)을 확인할 수 있습니다.

6. 랜선 종류 확인하기

'랜선에 종류가 있어? 그냥 랜선 하나 아니야?'라고 생각할 수도 있지만, 무려 10가지나 넘는 종류가 있고 성능도 다릅니다. 요즘에는 최소 CAT.5e 이상을 사용하며, 최대 속도가 1Gbps까지 지원되기 때문입니다. 하지만 10G 인터넷 사용자는 CAT.6a 이상을 사용해야 합니다. 이때 통신사 모뎀부터 공유기, PC까지 연결된 랜선이 모두 동일해야 적용되며, 하위 랜선이 1개라도 있다면 낮은 속도로 적용됩니다.

랜선 종류는 다음과 같이 피복 겉면에 적혀 있어 금방 확인할 수 있습니다.

⚙️ **랜선을 저렴하게 구매하는 방법이 있을까요?**

일반 가정집에서 10G를 사용하지 않는다면, CAT.5e를 사용해도 좋습니다. CAT.6부터 수신 거리와 안정성이 증가하지만 이는 주로 대규모 공사에 적합합니다.

구 분	CAT.1	CAT.2	CAT.3	CAT.4	CAT.5	CAT.5e
최대 전송 속도	음성만 전달	4Mbps	10Mbps	16Mbps	100Mbps	1Gbps

구 분	CAT.6	CAT.6e	CAT.6a	CAT.7	CAT.7a	CAT.8
최대 전송 속도	1Gbps	1Gbps	10Gbps	10Gbps	10Gbps	40Gbps

하면 된다!} PC 설정으로 인터넷 속도 진단하기　　난이도 ★☆☆

1. 와이파이 주파수(5GHz, 2.4GHz) 확인하기

요즘 와이파이 공유기는 2개의 주파수(5GHz, 2.4GHz)를 지원하는데, PC나 스마트폰에서는 와이파이 아이디(=SSID)에 '5G'가 붙어서 표시됩니다.

> 함께 보면 좋은
> 동영상 강의
>
>

5GHz와 2.4GHz의 차이를 간단히 요약하면 다음과 같습니다.

5GHz: 2.4GHz보다 빠르다. 단, 중간에 장애물이나 벽, 굴곡이 많으면 2.4GHz보다 느려진다.
2.4GHz: 5GHz보다 느리다. 단, 장애물, 벽, 굴곡 영향이 적어, 안정적이고 수신 거리가 더 좋다.

거실에 와이파이 공유기가 있고 방에서 문을 닫았을 때, 어떤 주파수가 더 빠를까요? 이 경우 거실에서는 5Hz가 빠르지만 문 닫은 방에서는 2.4Ghz가 더 빠를 겁니다. 따라서 인터넷과 PC는 정상인데 주파수 때문에 느릴 수 있으니 가장 먼저 확인해 봐야 합니다. 더 자세한 내용은 카페에서 확인해 보세요.

* 주파수 5GHz와 2.4GHz의 자세한 차이: cafe.naver.com/msooriya/1430

2. 노트북 랜선 및 와이파이 동시 사용 끄기

간혹 노트북에 랜선을 꽂아 놓고 와이파이까지 연결하는 경우가 있는데, 실제로는 한쪽만 연결되기 때문에 인터넷 속도가 빨라지지 않으며, 오히려 불안정해질 수 있습니다. 노트북 입장에서는 더 빠르고 안정적인 인터넷에 연결하느라, 랜선과 와이파이를 오가면서 잠깐씩 연결이 끊어질 수 있기 때문이죠. 따라서 둘 중 하나만 사용하는 것이 좋습니다. 랜선을 아예 뽑거나 와이파이 연결을 해제하세요.

랜선, 와이파이 둘 중 하나만 사용해 주세요.

> ⚙️ **랜선, 와이파이 둘 중 어떤 걸 쓰는 게 좋을까요?**
>
> 환경의 차이가 있겠지만, 보통 랜선이 와이파이보다 조금 더 빠르고 안정적이라 추천합니다. 다만 이동이 많거나 랜선을 연결하고 쓰기 불편하다면 와이파이가 좋습니다.

3. 내 PC 최대 속도 확인하기

PC 인터넷 최대 속도도 확인해 보겠습니다. 보통 데스크톱 랜 포트는 1Gbps인데, 와이파이는 노트북 기종마다 속도가 각기 다릅니다.

⊞+Ⓧ를 누르고 [장치 관리자]를 선택하고 [네트워크 어댑터]를 펼칩니다. 하위 항목 중 [Realtek PCIe GbE Family Controller]에서 [마우스 오른쪽 클릭 → 속성]을 누릅니다.

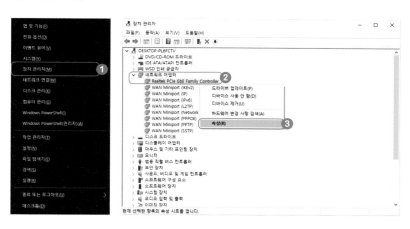

4. 상단 [고급] 탭에서 [속성]의 [속도 및 이중]을 선택하고 [값]을 확인합니다. 여기서 표시된 최대 수치가 랜 포트의 최대 속도가 되겠습니다. 낮은 속도로 설정됐다면 높은 속도로 변경하고 [확인]을 눌러 주세요.

원하는 최대 속도가 없다면 랜 포트 또는 메인보드 사양이 낮아 호환이 안 되는 경우이므로 장치를 교체해야 합니다.

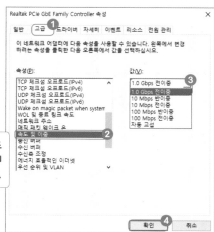

5. 와이파이 최대 속도 확인하기

키보드 ⊞+Ⓧ를 누르고 [장치 관리자]를 선택한 후 [네트워크 어댑터]를 펼치고 무선 랜 카드 모델명에서 [마우스 오른쪽 클릭 → 속성]을 누릅니다. 무선 랜 카드 모델명에 따라 명칭이 다르지만, 'Wireless'가 포함된 항목을 선택하면 됩니다.

6. 상단 [고급] 탭에서 [속성]의 [Wireless Mode]를 선택하고 [값]을 확인합니다. 아래쪽에 있는 값일수록 속도가 빨라집니다.

7. 작업 관리자 프로세스 확인하기

간혹 인터넷에서 대용량 파일을 내려받거나 업로드 또는 실시간 공유 중일 때 네트워크 점유율이 높아서 느려질 수 있습니다. Ctrl+Shift+Esc를 눌러 [작업 관리자]를 실행하고 [네트워크] 점유율을 확인합니다. 보통은 10%를 넘지 않지만, 저는 시험 삼아 인터넷에 대용량 파일을 업로드함과 동시에 게임을 실행했더니 10% 정도 점유되었습니다.

[네트워크] 탭을 누르면 오름차순/내림차순으로 정렬됩니다.

8. 여기서 어떤 프로세스의 [네트워크] 점유율이 높은지 확인하고 불필요한 프로세스에 [마우스 오른쪽 클릭 → 작업 끝내기]로 종료하세요. 이때 ∨를 눌러 세부 목록도 확인할 수 있습니다.

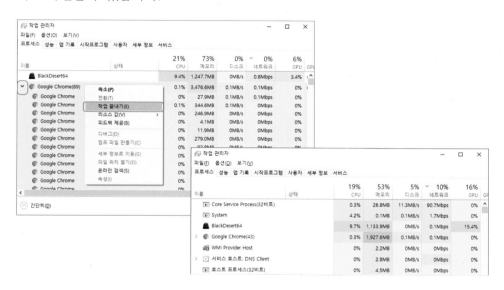

하면 된다!▶ 인터넷 브라우저 초기화 및 기록 삭제하기(엣지)   난이도 ★☆☆

인터넷을 많이 사용하다 보면 사이트 접속 내역, 이미지, 로그, 악성 광고들이 쌓여 사이트가 점점 늦게 열릴 수 있습니다. 또는 특정 사이트에 접속되지 않거나 화면이 이상하게 나올 때 기타 인터넷 오류가 점점 많아지기도 합니다. 이때 모든 옵션과 내역을 초기화하면 처음 상태로 되돌릴 수 있으니 천천히 따라 해보세요. 모든 검색 기록, 로그인 정보, 즐겨찾기, 각종 설정 등이 초기화되므로 필요한 부분은 반드시 백업하세요.

함께 보면 좋은 동영상 강의

1. 윈도우의 기본 브라우저인 마이크로소프트 엣지(Microsoft Edge)를 기준으로 브라우저 옵션을 초기화하고 기록을 삭제하는 방법을 살펴보겠습니다. 먼저 브라우저를 열고 오른쪽 상단에 ··· 을 클릭한 뒤 [설정]을 클릭합니다.

크롬 브라우저에서의 초기화 방법은 58쪽을 참고하세요.

2. 왼쪽 메뉴의 [원래대로 설정 → 설정을 기본값으로 복원 → 초기화]를 차례대로 클릭합니다.

3. [개인 정보, 검색 및 서비스]를 선택하고 오른쪽 스크롤바를 조금 내려 [검색 데이터 지우기 → 검색 데이터 지금 지우기 → 지울 항목 선택]을 클릭합니다.

4. [시간 범위]는 [모든 시간]을 선택하고 모든 항목에 체크한 뒤 [지금 지우기]를
클릭해야 깔끔하게 삭제됩니다.

🔧 **인터넷 속도를 더 빠르게 하는 방법은 없나요?**

간단한 명령어 등으로 속도를 더 올릴 수 있지만, 인터넷 가
입 상품 및 장비 최대 속도를 넘지는 못합니다. 또 PC 환경마
다 효과가 다를 수 있는데 그래도 도전해 보겠다면 다음 영상
을 참고해 보세요.

함께 보면 좋은
동영상 **강의**

01-3 특정 사이트에 접속되지 않거나 화면이 깨질 때

다음과 같이 특정 사이트에 접속할 때 오류가 뜨거나 화면이 깨질 때가 있습니다. 인터넷이 안 되거나 느릴 때의 해결법보다는 간단하니까 하나씩 따라 해보세요. 다만 해당 사이트 자체의 오류일 수 있으니 스마트폰이나 다른 PC에서 먼저 확인해 보세요.

시간이 너무 먼 과거로 설정되어 있습니다.

컴퓨터의 날짜와 시간(2020년 8월 26일 수요일 오후 3:37:49)이 잘못되어
chintsressels.com에 대한 비공개 연결을 설정할 수 없습니다.

NET::ERR_CERT_DATE_INVALID

Chrome에서 가장 강력한 보안 기능을 사용하려면 향상된 보호 모드를 사용 설정하세요.

고급   시간과 날짜 업데이트

> 이런 오류가 나타나서 난감했던 경험이 있으신가요?

이렇게 해결할 거예요!
이미 확인해 보았다면 체크 표시 후 넘어가세요!

1. 윈도우 날짜, 시간 확인하기 ☑

2. 인터넷 옵션 초기화하고 기록 삭제하기 ☐

3. 컴퓨터 리튬 배터리 교체하기 ☐

4. 해당 사이트 고객 센터 문의하기 ☐

5. 인터넷에 연결 중인 PC 대수 확인하기 ☐

하면 된다! ► 윈도우 날짜, 시간 동기화하기

난이도 ★☆☆

특정 사이트에 접속되지 않는 경우는 윈도우의 날짜, 시간이
맞지 않아서 생길 때가 많습니다. 이는 해당 사이트와의 통신
이 제대로 이뤄지지 않아 생기는 일종의 보안 문제입니다.

함께 보면 좋은
동영상 **강의**

1. 작업 표시줄에서 날짜, 시간 부분에 [마우스 오른쪽 클릭
→ 날짜/시간 조정]을 선택합니다.

2. [자동으로 시간 설정], [자동으로 표준 시간대 설정]을 클릭해 둘 다 [끔]으로 바
꿔 줍니다.

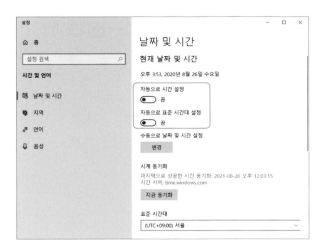

3. [자동으로 시간 설정], [자동으로 표준 시간대 설정]을 다시 눌러 [켬]으로 바꿉니다. [시계 동기화]의 [지금 동기화]를 클릭하고 해당 사이트가 잘 열리는지 확인합니다.

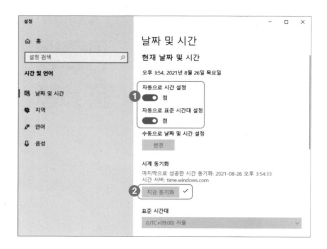

인터넷을 많이 사용하다 보면, 브라우저에 각종 정보와 로그, 쿠키, 세션들이 쌓여 점점 느려지거나 오류가 생길 수 있습니다. 보통 이럴 때 옵션 초기화와 기록 삭제를 통해 해결해 볼 수 있습니다.

함께 보면 좋은
동영상 **강의**

1. 크롬 브라우저를 실행합니다. 오른쪽 ⋮ 를 누르고 [설정]을 선택합니다.

2. 왼쪽 [개인정보 및 보안]을 누르고 [인터넷 사용 기록 삭제]를 클릭합니다.

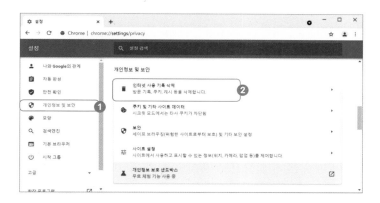

3. [고급] 탭에서 [기간: 전체 기간]을 선택하고 아래의 모든 항목을 체크한 뒤 [인터넷 사용 기록 삭제]를 클릭합니다.

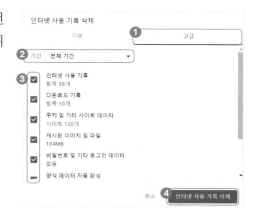

4. 왼쪽 메뉴의 [고급]을 누르고 [재설정 및 정리하기]를 클릭합니다. [설정을 기본값으로 복원]을 선택하고 [설정 초기화]를 클릭하세요.

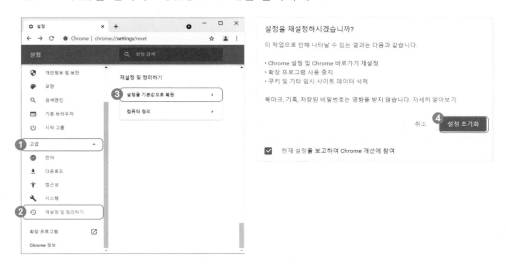

하면 된다! ▶ 컴퓨터 리튬 배터리 교체하기　　난이도 ★★☆

윈도우 시간, 날짜를 최신화해도 초기화되면 컴퓨터 메인보드에 탑재된 리튬 배터리의 수명이 다했을 수 있습니다. 메인보드에는 하드웨어의 구성 정보와 현재 시간, 날짜 등의 기초정보를 저장하는 CMOS라는 반도체가 있는데, 컴퓨터 전원이 꺼져 있어도 리튬 배터리로 전원이 공급되어 이 정보가 삭제되지 않고 계속 유지됩니다. 그러니 리튬 배터리가 제 역할을 못하면, 윈도우 날짜, 시간이 계속 맞지 않으므로 새것으로 바꿔야 합니다.

함께 보면 좋은
동영상 강의

1. 메인보드마다 위치는 다르지만, 100원짜리 동전과 비슷한 모양이고 오른쪽 클립 부분을 손톱으로 세게 꼬집거나 일자 드라이버로 누르면 리튬 배터리가 위로 튀어나옵니다. 새것으로 끼워 주세요.

리튬 배터리는 근처 마트에서 쉽게 구할 수 있습니다.

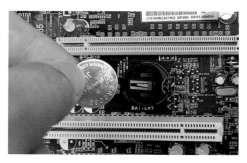

2. 노트북의 리튬 배터리 위치는 메인보드마다 다르지만, 데스크톱과 비슷합니다. 다만 꺼낼 때 손으로는 안 되고 초소형 일자 드라이버 또는 송곳 등을 홈에 넣고 들어올려야 합니다.

하면 된다! ▶ 해당 사이트 고객 센터 문의하기   난이도 ★☆☆

간혹 내 IP 주소가 어떤 사유로 인해 특정 사이트의 서버로부터 차단되는 경우가 있습니다. 이 경우는 해당 사이트 고객센터에 상황을 설명하고 IP 차단 여부 등을 문의하는 게 좋습니다. IP 주소는 내 컴퓨터의 실제 IP 주소가 아닌, 우리 집 또는 회사 사무실의 대표 IP를 보내면 됩니다.

> 대표 IP 주소를 확인하려면 네이버에 '내 IP 주소 확인'을 입력해 보세요.

아래와 비슷한 화면이 뜬다면 현재 인터넷을 사용하는 PC 대수를 확인해 보세요. 일반 가정용 인터넷은 보통 PC 3대 정도만 연결되고, 그 이상은 월 요금을 추가해야 합니다(단, 스마트폰, 태블릿은 예외입니다). 따라서 불필요한 PC는 인터넷 연결을 해제하거나, 필요하다면 추가 요금을 고려해 봐야 합니다. 통신사, 연도마다 다음 화면은 다를 수 있지만 전체 내용은 비슷합니다.

01-4 컴퓨터가 느릴 때

누구나 한 번쯤은 컴퓨터가 느려서 답답했던 경험이 있을 것입니다. 원인은 PC 고장, 노후화 혹은 PC 사양이 낮기 때문인 경우가 많습니다. 보통 PC의 내구 연한은 4~5년이나, 사용 시간 및 부하 정도에 따라 차이가 있고 HDD, SSD, 마우스, 키보드는 소모성이 강해 더 빨리 고장 날 수 있습니다. 예를 들어, 10년 전에 최신형 고사양 PC를 구매했어도 지금은 워드나 인터넷 실행도 잘 안 될 수 있는 것이죠.

대부분 SSD 설치, RAM 증설로 속도가 증가하고, 게임 등은 보통 그래픽 카드까지 교체해야 성능이 향상됩니다.

하지만 최근에 구매한 PC가 느리다면, 노후화보다는 애초에 PC 사양이 낮거나 윈도우 문제 등이 원인일 수 있습니다. 이 경우 특정 부품을 업그레이드하는 것이 가장 확실한 방법이지만, 윈도우 설정이나 유틸리티 등으로 간단히 해결할 수도 있습니다. 이번 절에서는 컴퓨터가 느린 원인을 분석하는 데 초점을 맞췄고, 윈도우 초기화 및 업그레이드 실습은 셋째마당을 참고해 보세요.

이렇게 해결할 거예요!
이미 확인해 보았다면 체크 표시 후 넘어가세요!

1. 작업 관리자 프로세스 점유율 확인하기

하면 된다! 작업 관리자 프로세스 점유율 확인하기   난이도 ★☆☆

1. Ctrl + Shift + Esc 를 눌러 [작업 관리자]를 열고 [자세히]를 눌러 큰 창으로 열어 줍니다.

함께 보면 좋은 동영상 강의

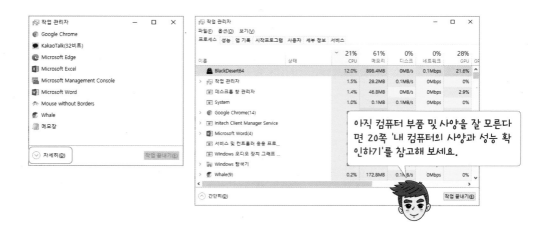

아직 컴퓨터 부품 및 사양을 잘 모른다면 20쪽 '내 컴퓨터의 사양과 성능 확인하기'를 참고해 보세요.

2. 각 항목을 클릭하면 자원별 내림차순, 오름차순으로 확인할 수 있습니다. CPU, 메모리, 디스크, 네트워크, GPU 중에 90% 이상인 부분이 있다면, 특정 프로그램이 해당 자원을 많이 사용하거나 해당 항목의 사양이 낮아 업그레이드가 필요한 경우인데, 다음의 설명을 참고하세요.

❶ CPU
- **점유율이 높아지는 상황:** 고사양 게임 및 업무용 프로그램 사용 시(특히 연산 처리 알고리즘, 3D 프로그램 렌더링 등)
- **해결책:** 해당 프로그램의 CPU 권장 사양에 맞게 업그레이드하는 게 좋지만, 컴퓨터의 메인보드가 오래됐다면 최신형 CPU가 호환되지 않아 컴퓨터를 교체해야 할 수 있습니다. 그래서 일반 업무용, 특수 작업용 PC를 별도로 사용하기도 합니다.

❷ 메모리
- **점유율이 높아지는 상황:** 고사양 프로그램을 실행하거나, 여러 가지 프로그램을 동시에 실행 중일 때
- **해결책:** 사용이 끝난 프로그램을 바로 종료하는 습관을 들이는 게 좋습니다. 근본적으로는 메모리(RAM) 용량이 4GB라면 최소 8GB 또는 16GB로 증설하기를 권장합니다. 요즘에는 업무상 여러 프로그램을 동시에 실행하기도 하고, 무거운 프로그램이 많기 때문에 8GB도 모자랄 수 있습니다.

메모리 업그레이드는 308쪽 'RAM 교체하고 증설하기'를 참고하세요.

❸ 디스크
- **점유율이 높아지는 상황:** 대용량 데이터의 읽기, 쓰기가 수행 중일 때(파일 복사, 이동, 삭제 혹은 프로그램 설치 등), 디스크가 고장 났거나 디스크 용량이 꽉 찼을 때
- **해결책 1:** 파일 복사, 프로그램 설치 중이라면 작업이 끝날 때까지 기다리는 게 좋습니다. 작업 중에 다른 작업을 시도하면 속도가 더 느려질 수 있고 해당 작업이 중단될 수 있습니다.

- **해결책 2:** 다음과 같이 디스크 용량이 꽉 찼다면 불필요한 파일, 프로그램을 삭제해야 합니다. 용량이 최대 90%를 넘지 않도록 유지하는 것이 좋습니다.

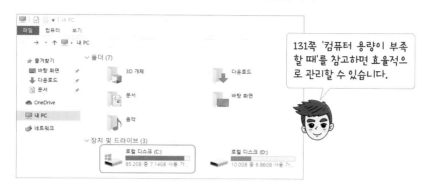

131쪽 '컴퓨터 용량이 부족할 때'를 참고하면 효율적으로 관리할 수 있습니다.

- **해결책 3:** 디스크가 손상됐을 수 있습니다. 5년 이상 됐다면 교체를 권장하지만, 불량이나 충격 등의 문제도 있을 수 있으니, 디스크 손상 여부를 먼저 확인하는 게 좋습니다.

＊ 디스크 손상 여부는 104쪽의 '디스크 케이블 재연결 및 청소하기'를 참고해 보세요.

❹ **네트워크**

- **점유율이 높아지는 상황:** 지원 속도가 낮은 랜 카드 환경에서 대용량 데이터를 업로드하거나 다운로드할 때 주로 발생합니다.
- **해결책:** 요즘 유선 랜 카드는 보통 1Gbps가 지원되기에 문제가 거의 없지만, 100Mbps 내외인 와이파이나 오래된 유선 랜 카드 환경에서는 네트워크 점유율이 높아질 수 있습니다. 와이파이라면 랜선을 사용해 업로드, 다운로드를 진행하고, 와이파이를 꼭 써야 한다면 업로드, 다운로드가 끝날 때까지 기다리거나 무선 랜 카드를 업그레이드하는 게 좋습니다.

＊ 유무선 랜 카드 장착, 교체는 43쪽의 '랜 카드 재장착 및 교체하기'를 참고해 보세요.

🔧 **Q** PC 부팅 후 아무것도 실행하지 않았는데 왜 CPU, 메모리, 디스크 점유율이 100% 일까요?

가끔 윈도우 오류 등인 경우가 있습니다. 이 해결법은 자원, 프로세스마다 다르고 초보자는 어려울 수 있습니다. 그래도 해결해 보려면 카페 게시판을 참고해 보세요.

함께 보면 좋은 동영상 강의

＊ CPU 점유율 100% 해결 방법:

cafe.naver.com/msooriya/1949

01-5 모니터에 화면이 나오지 않을 때

지친 하루를 마치고 집에서 쉴 때, 컴퓨터가 켜지지 않으면 굉장히 답답할 것입니다. 특히 저녁이나 주말에는 수리점도 문을 닫기에 며칠씩 기다려야 할 수 있죠. 혹은 전원은 들어오는 데 모니터가 켜지지 않는다거나 본체 전원이 아예 켜지지 않을 때 등 여러 변수가 있습니다. 모니터가 켜지지 않을 때는 대부분 RAM이나 그래픽

카드 쪽 문제가 많습니다. 그래서 이쪽부터 확인하는 게 좋지만 컴퓨터 케이블을 전부 뽑고 해체했다가 다시 조립하는 과정이 굉장히 번거로울 수 있습니다. 심지어 알고 봤더니 해체할 필요도 없는 간단한 문제였다면 매우 허탈하겠죠. 그래서 이번에는 간단히 따라 해볼 수 있게 쉬운 순서대로 살펴보겠습니다.

고장보다는 일시적 오류 또는 연결 문제일 수 있으니 하나씩 점검해 보세요.

이렇게 해결할 거예요!

이미 확인해 보았다면 체크 표시 후 넘어가세요!

1. 케이블 및 모니터 교차 확인하고 청소하기 ☑

2. 컴퓨터 내부 청소하고 메인보드 및 파워 서플라이 교체하기 ☐

3. 모니터 케이블 및 윈도우 상태 확인하기 ☐

4. 외장 그래픽 카드 재장착하고 청소하기 ☐

5. RAM 재장착하고 청소하기 ☐

하면 된다! ▶ 케이블 및 모니터 교차 확인하고 청소하기 난이도 ★☆☆

모니터 화면이 나오지 않을 때 원인을 가장 빠르고 확실하게 찾을 수 있는 방법은 교차 확인입니다. 즉, 다른 케이블이나 모니터를 연결해 확인하는 것이죠. 여분 케이블이나 모니터가 있다면 꼭 먼저 확인해 보세요. 만약 케이블이나 모니터 고장이

라면 다른 해결법이 의미가 없으므로 이 부분을 반드시 확인해야 합니다. 특히 모니터는 기존과 같은 종류의 케이블로 확인하는 게 좋습니다. 즉, HDMI를 사용한다면 HDMI로, DVI라면 DVI로 확인하세요.

하면 된다!〉 컴퓨터 내부 청소하고 메인보드 및 파워 서플라이 교체하기

컴퓨터를 오래 사용하다 보면 내부에 먼지가 잔뜩 끼게 되는데, 이로 인해 각 부품들의 접촉 불량이 발생하거나 신호가 잘 전달되지 않을 수 있기에 주기적으로 내부 청소를 해야 합니다.

드문 경우지만, 메인보드나 파워 서플라이 문제도 있을 수 있습니다. 메인보드는 호환성에 민감하여, 주요 부품(CPU, 메모리, 그래픽 카드 등)을 모두 교체해야 하는 상황이라면 차라리 컴퓨터를 새로 구입하는 게 나을 수 있습니다. 그래도 파워 서플라이는 비교적 간단하니, 이번 절의 모든 방법으로 해결되지 않으면 시도해 보세요.

함께 보면 좋은
동영상 강의

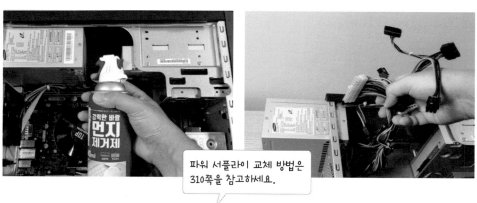

파워 서플라이 교체 방법은 310쪽을 참고하세요.

1. 바탕화면 상태 확인하기

바탕화면이 검은색은 아닌지, 마우스나 키보드로 확인해 보세요. 정말 드문 경우지만, 검은색 바탕화면에 아이콘과 작업 표시줄이 보이지 않아서 모니터가 켜지지 않았다고 착각할 수도 있습니다. 특히, 듀얼 모니터의 경우, 바탕화면 아이콘이 메인 모니터에만 있고 서브 모니터에는 없을 때 착각하기 쉽습니다. 윈도우 7은 기본적으로 서브 모니터에는 작업 표시줄이 없고, 윈도우 10부터는 사용자가 직접 작업 표시줄을 [자동 숨김]으로 설정했을 가능성이 높습니다.

함께 보면 좋은
동영상 강의

모니터가 꺼진 것처럼 보이지만 마우스 커서를 보고 판단할 수 있습니다.

2. 모니터 입력 모드 확인하기

모니터 자체 기능인 입력 모드 전환을 확인해 보세요. 이 기능은 1대의 모니터에 여러 대의 PC를 사용할 때 유용합니다. 예를 들어, 노트북, 데스크톱, 콘솔 게임기를 1대의 모니터로 연결해 놓고 [입력 모드 전환] 버튼을 누르면 3가지 화면이 번갈아 가며 바뀌는 식입니다. 하지만 PC를 1대만 사용해도, 가끔 사용자 실수로 이 버튼이 눌려 검은 화면이 나오는 경우가 있습니다. 따라서 이 버튼을 다시 눌러 원래대로 되돌리면 간단히 해결할 수 있습니다.

모니터 기종마다 입력 모드 전환 기능 유무와 조작 방법이 다르지만, 3가지 기종만 간단히 소개하겠습니다. 그 외의 기종은 모니터 버튼을 직접 살펴보면 금방 찾을 수 있을 겁니다. 입력 모드가 한 번에 실행되는 기종이 있는가 하면, 메뉴 안에서 찾아야 하는 기종도 있습니다.

입력 모드 전환 기능을 사용하려면, 각각 다른 케이블을 사용해야 합니다(예를 들면 D-SUB, DVI, HDMI, DP 등).

위 버튼들을 누르면 다음과 같이 아날로그, 디지털, HDMI, DVI, DP 등으로 변경되고 '케이블 연결 확인' 메시지가 뜰 수 있는데, 모니터 케이블에 맞는 모드로 선택하면 됩니다.

케이블 종류 및 포트

3. 프로젝트 모드 확인하기

듀얼 모니터 또는 빔 프로젝트를 사용할 때 발생하는 문제인데, 이번에도 모드 변경으로 간단히 해결해 볼 수 있습니다. [⊞]+[P]를 누르면 4가지 모드가 나타나는데, [PC 화면만] 또는 [두 번째 화면만]으로 선택되어 있다면 당연히 한쪽 모니터가 안 나옵니다. [복제], [확장] 등 적절한 모드를 선택하면 됩니다.

이 기회에 4가지 모드를 익혀 보고, 적절한 상황에 사용해 보세요!

4. 모니터 케이블 및 버튼 확인하기

사실 모든 전자기기의 고장에 대처할 때는 케이블 확인이 기본입니다. 멀티 탭 전원은 켜져 있는지, 전원 케이블과 모니터 케이블이 잘 꽂혀 있는지 확인합니다. 겉으로는 괜찮아 보여도 살짝 뽑혀 있을 수 있기 때문에 아예 뺐다가 다시 꽂는 게 좋습니다. 본체 및 모니터 전원 버튼도 잘 눌렀는지 확인합니다.

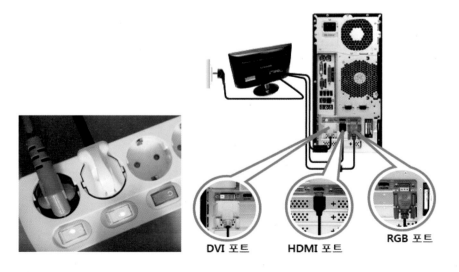

DVI 포트   HDMI 포트   RGB 포트

5. 내장 그래픽과 외장 그래픽의 포트 확인하기

모니터 케이블 확인 과정에서 가장 중요한 것은 내장 그래픽과 외장 그래픽의 포트입니다. 다음 사진처럼, 컴퓨터 본체에는 메인보드와 일체형인 내장 그래픽과 메인보드에 탈부착이 가능한 외장 그래픽이 있습니다. 외장 그래픽이 있다면 모니터 케이블을 이쪽에 꽂아야 하는데, 내장 그래픽에 꽂았거나 혼합으로 꽂았다면 모니터가 안 나올 수 있습니다. 따라서 모든 모니터 케이블을 외장 그래픽에 꽂고 확인해 보세요.

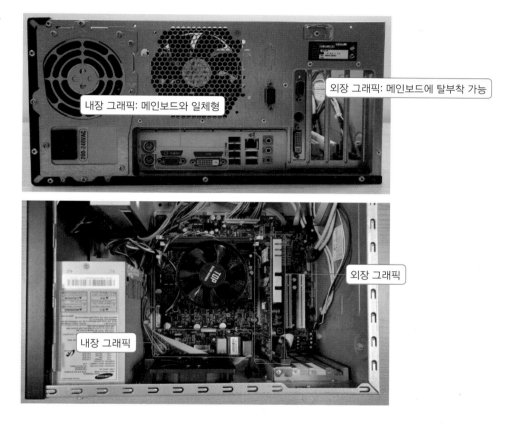

6. 내장 그래픽 포트에 모니터 케이블 꽂기

위의 방법과는 반대로, 외장 그래픽 카드에 문제가 있을 때는 내장 그래픽 카드만 인식될 수 있습니다. 이럴 때는 모든 모니터 케이블을 내장 그래픽 포트에 꽂아 보세요. 만약 모니터가 잘 나오면 확실히 외장 그래픽 카드에 문제가 있음을 알 수 있습니다. 그래도 화면이 나오지 않는다면 외장 그래픽 카드를 아예 뽑고 한 번 더 확인해 보세요.

하면 된다!》 외장 그래픽 카드 재장착하고 청소하기 난이도 ★☆☆

가끔 컴퓨터의 외부 충격이나 먼지 등으로 외장 그래픽 카드의 접촉 불량이 생길 수 있고, 노후화로 인한 고장이 발생할 수도 있습니다. 가벼운 접촉 불량이라면 외장 그래픽 카드를 뽑아 간단히 청소하고 재장착하면 모니터가 다시 켜지는 경우가 많습니다. 그래도 켜지지 않는다면 외장 그래픽을 교체해야 할 수 있습니다. 하지만 비용이 발생하므로 앞의 방법도 모두 확인해 보고 결정하는 것이 좋습니다.

함께 보면 좋은
동영상 강의

지금부터는 데스크톱 본체를 개봉해서 확인해야 하므로 십자 (+) 드라이버가 필요합니다. 개봉 전에는 반드시 안전을 위해, 전원 케이블을 비롯한 모든 케이블을 뽑고 진행하세요.

그래픽 카드 교체, 업 그레이드 방법은 317 쪽을 참고해 보세요.

1. 먼저 데스크톱 뒷면의 모든 케이블과 나사를 제거하고 덮개를 개봉합니다. 덮개는 뒤쪽으로 밀면 쉽게 열립니다.

뒷면의 나사는 보통 2개이며, 손으로 풀 수 있는 종류도 있지만 그래도 십 자 드라이버를 준비하는 게 좋습니다.

2. 외장 그래픽의 나사를 제거하고 나사 쪽 부분을 잡아 들어올리면 쉽게 빠집니다.

3. 외장 그래픽이 메인보드에 장착되는 칩 부분을 지우개로 살살 문질러 주고, 메인 보드의 슬롯을 에어 스프레이 등으로 청소합니다. 단, 먼지가 심하게 날릴 수 있으므로 반드시 야외에서 청소하세요!

4. 이제 외장 그래픽을 다시 장착하고 모니터가 잘 나오는지 확인합니다. 이때도 쿨링 팬 때문에 먼지가 날릴 수 있으므로 덮개를 덮고 진행하는 게 좋습니다.

하면 된다!〉 RAM 재장착하고 청소하기   난이도 ★☆☆

모니터 케이블을 내장 그래픽 카드에 꽂아도 안 되고 외장 그래픽 카드 청소, 재장착으로도 화면이 안 나온다면 RAM 문제일 확률이 높습니다. 이때도 외부 충격, 먼지 등에 의한 접촉 불량이나 노후화에 따른 고장일 수 있는데, 간단히 청소하고 재장착했을 때 잘 켜지는 경우가 많습니다.

함께 보면 좋은
동영상 강의

만약 그래도 모니터가 안 켜지는 경우, RAM이 2개 이상이라면 1개씩만 꽂아 보면서 원인 부품을 찾아야 합니다. 원인 부품을 찾았거나 기존 RAM이 1개라면 교체해야 하는데, 이는 키보드, 마우스처럼 쉽게 바꿀 수 있는 게 아니라서 호환성을 꼼꼼히 따져 봐야 합니다.

RAM 교체, 추가 방법은
308쪽을 참고해 보세요.

1. 데스크톱의 덮개를 개봉하고 RAM 위치를 확인합니다. RAM 슬롯은 보통 2개 이상 있으며, 약 13cm 정도로 슬롯 중에 제일 길며 각각 2개의 고정 단추가 있는 것이 특징입니다.

2. RAM은 그래픽 카드와 달리 바로 뽑으면 안 되고, 2개의 고정 단추를 양 옆으로 젖힌 다음 두 손으로 양 끝을 잡고 RAM을 수직으로 뽑아야 합니다.

3. RAM을 뽑은 다음, 그래픽 카드와 마찬가지로 지우개로 칩 부분을 살살 문질러 닦습니다.

4. RAM 슬롯도 에어 스프레이 등으로 청소하면 되는데, 먼지가 많이 날리므로 반드시 야외에서 하는 게 좋습니다.

5. 청소가 끝나고 RAM을 다시 장착할 때는 반드시 좌우 위치를 확인하고 꽂아야 합니다. 홈의 위치가 정중앙이 아닌 비대칭이기 때문에, 위치에 맞지 않게 억지로 꽂으려 하면 고장이 날 수 있습니다. 또한 뽑을 때처럼 두 손으로 각각 ⅓ 지점과 ⅔ 지점을 잡고 수직으로 균일한 힘으로 눌러야 합니다.

6. RAM이 정상으로 꽂혔다면, 양 옆의 고정 단추가 같이 잠기면서 '딸깍' 소리가 나지만 손으로 RAM을 한 번 더 누르고, 고정 단추도 안쪽으로 밀어 주는 것이 좋습니다. 이제 본체 옆면을 덮고 모니터가 잘 나오는지 확인해 봅니다.

혹시 '딸깍' 소리가 나지 않는다면 1~2회 다시 장착해 보거나 고정 단추를 살짝 안쪽으로 밀어 잠가 보세요.

01-6 본체 전원이 켜지지 않거나 중간에 꺼질 때

이번에는 본체 전원과 모니터는 잘 켜지는데, 오류 등으로 부팅이 되지 않을 때 해결법을 알아보겠습니다. 사실 이 부분은 본체, 모니터가 켜지지 않을 때보다도 변수가 더 많지만, 대표적인 사례와 해결법을 간단히 소개하겠습니다.

의외로 내부 먼지 때문인 경우가 있으니, 꼭 청소해 주세요.

이렇게 해결할 거예요!
이미 확인해 보았다면 체크 표시 후 넘어가세요!

1. 전원 케이블 및 스위치 확인하기 ☑

2. 파워 서플라이 재장착하기 ☐

3. 케이블 최소화 모드 확인하기 ☐

4. 본체 전원 케이블 재장착하거나 교환하기 ☐

하면 된다! ▶ 전원 케이블 및 스위치 확인하기　　　난이도 ★☆☆

이번에는 PC 전원 자체가 켜지지 않거나 가끔씩 전원이 꺼질 때 해결법을 알아보겠습니다. 이 문제는 모니터가 켜지지 않는 경우보다 드물지만, 대부분 데스크톱을 개봉해야 하므로 다소 번거로울 수 있습니다.

함께 보면 좋은 동영상 강의

1. 전원 케이블 및 멀티 탭 확인하기
모든 전자기기의 기본적인 점검은 전력 장치 확인입니다. 멀티 탭 전원은 켜져 있는지, 전원 케이블이 PC와 멀티 탭에 잘 꽂혀 있는지 확인해 보세요. 간혹 멀티 탭 고장일 수 있으니, 멀티 탭을 교체해 보거나 다른 포트에 꽂아 확인해 보세요.

2. 파워 서플라이 전원 확인하기

어떤 컴퓨터에는 전원 버튼이 앞면뿐 아니라 뒷면에도 있는 경우가 있습니다. 일부 파워 서플라이에는 전원 버튼이 숫자 0, 1 모양으로 따로 있는데, 1 모양을 눌러야 전원이 켜진 ON 상태가 됩니다. 이 버튼의 존재를 아예 몰랐거나, 모양이 헷갈려서 전원이 꺼진 OFF 상태로 부팅하는 경우가 종종 있습니다.

0 눌림 = OFF

1 눌림 = ON

컴퓨터의 이진법을 생각하면 쉽게 외워집니다! 숫자 1은 True(ON), 숫자 0은 False(OFF)로 말이죠.

3. USB 전원 케이블 과부하 확인하기

이 방법은 PC가 아예 안 켜지거나 가끔씩 툭 꺼질 때, 절전 상태에서 다시 켜지지 않을 때도 유용합니다. 이럴 땐 PC에 연결된 주변 기기가 너무 많지 않은지 살펴보세요. 모니터는 별도 전원이 있으니 제외하고, 키보드와 마우스부터 스피커, 프린터, 외장 하드, 마이크, 스마트폰 충전기 등 모든 전자기기의 전력을 PC에서 끌어오기 때문에 과부하가 될 수 있습니다.

PC 재부팅을 위한 모니터, 키보드를 제외한 모든 주변 기기를 다 뽑고 부팅해 보세요. 마우스도 꽂지 마세요. 요즘 마우스는 LED 기능이 있어 조금이라도 전력을 소비하며, PC는 키보드로 충분히 조작 가능합니다. 만약 부팅이 잘 되고 뽑아 놓은 주변 기기가 많은 상태라면 차라리 다행입니다. 다음과 같은 USB 멀티포트를 사용하면 전력이 충원되기 때문입니다.

단, 반드시 USB 멀티포트에 전원 케이블이 있어야 외부 전력 효과가 있습니다.

4. 리튬 배터리 재장착하거나 교체하기

메인보드의 리튬 배터리가 완전히 방전되면 CMOS 정보를 불러오지 못해, 컴퓨터가 정상 부팅되지 않을 수 있기 때문에 교체를 시도해 보는 게 좋습니다.

리튬 배터리를 교체하는 자세한 방법은 60쪽을 참조하세요.

하면 된다! 파워 서플라이 재장착하기   난이도 ★★☆

이제는 컴퓨터를 개봉하여 점검해야 합니다. 먼저 파워 서플라이 고장을 확인할 텐데, 다소 번거로울 수 있어 간단한 재장착부터 시도해 보겠습니다.

1. 본체 뒷면의 모든 케이블을 제거하고 나사를 풀고 옆면 덮개를 뒤쪽으로 밀어서 열어 줍니다.

함께 보면 좋은
동영상 강의

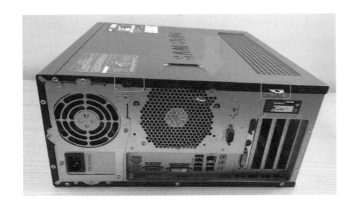

2. 에어 스프레이 등으로 파워 서플라이 내부 및 본체 전체를 청소하세요. 각종 먼지와 이물질 등이 장애 원인일 수 있습니다.

자세한 청소 방법은 72쪽의 영상을 참고해 보세요.

3. 메인보드에 연결된 파워 서플라이 전원 케이블(메인보드 주 전원 커넥터)을 뺐다가 다시 꽂고 부팅을 시도해 보세요. 전원 케이블은 고리 위쪽을 누른 채 위로 뽑아 올려야 빠집니다. 하지만 너무 뻑뻑해서 손으로 잡고 빼기에는 손이 아플 수도 있으니 골무를 끼는 것이 좋고 앞뒤로 살짝 흔들면서 빼면 수월합니다.

 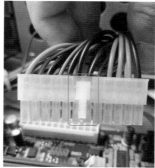 

하면 된다! ⟩ 파워 서플라이 고장 확인하기 난이도 ★★☆

이제는 파워 서플라이가 고장인지 직접 확인해 보겠습니다.
정석적인 방법은 테스터기로 점검하는 것이지만, 전문가가
아니면 거의 없을 것이므로 클립으로 간단히 확인하는 방법
을 알려 드리겠습니다.

함께 보면 좋은
동영상 강의

1. 파워 서플라이에 연결된 모든 커넥터를 빼냅니다.

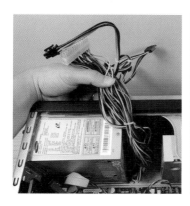 

전원 케이블을 뺀 상태에서
작업을 진행하세요!

2. 파워 서플라이의 모든 커넥터를 뽑았다면, 니퍼를 이용해 클립을 U자 모양으로
자르고 살짝 벌립니다.

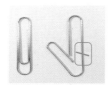 

3. 감전 위험이 있으므로, 전원 케이블을 뽑았는지 한 번 더 확인합니다. 그리고 절대 젖은 손으로 진행하면 안 됩니다. 클립을 파워 서플라이의 4번째, 6번째 구멍에 꽂아 줍니다. 이때 고리가 위를 향해 있어야 합니다.

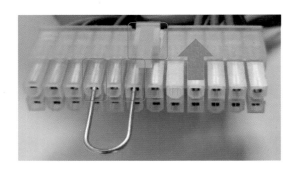

4. 파워 서플라이에 전원 케이블을 연결합니다. 이때 모든 팬이 바로 돌아간다면 정상이고, 늦게 돌아가거나 동작하지 않으면 파워 서플라이에 문제가 있는 것입니다. A/S 보증 기간이 남아 있다면 구매처에 문의하고, 기간이 지났다면 새것으로 교체합니다.

주변 컴퓨터를 점검할 일이 많다면, 클립보다 전문 테스터기가 더 정확하고 빠릅니다.

하면 된다! 〉 본체 전원 케이블을 재장착하거나 교환하기   난이도 ★★☆

간혹 충격이나 먼지 등으로 메인보드와 본체 전원 버튼을 연결하는 케이블(POWER SW)에 접촉 불량이 생길 수 있습니다. 이럴 때 해당 케이블을 뽑아 간단히 청소하고 재장착하면 해결되기도 합니다.

함께 보면 좋은
동영상 **강의**

1. 본체 전원 케이블 찾기

보통 메인보드 오른쪽 아래에 전원 케이블 포트가 있고 주변에 회로도가 그려져 있습니다. 회로는 거의 5가지 종류(Power LED, Power Switch, HDD, LED, Reset Switch)가 있고 각각의 위치와 극성(+, -) 방향을 알 수 있습니다.

2. 전원 스위치 청소 및 재장착하기

모든 전원 케이블을 위로 뽑은 뒤 에어 스프레이 등으로 포트 부분과 케이블 끝을 청소합니다. 모든 케이블이 한 세트로 묶인 경우는 홈 방향에 맞게 꽂고, 분리된 케이블은 각 위치에 맞게 꽂아 주세요. 이때 LED 케이블들은 극성(+, -)이 맞아야 작동하고, 나머지 케이블(POWER SW, RESET SW)은 위치만 맞아도 됩니다. 이제 전원을 켜서 확인해 보세요.

모든 케이블이 한 세트인 경우

모든 케이블이 분리된 경우

홈과 핀이 없는 방향에 주의

극성 방향 (+, -)이 헷갈린다면 컬러 케이블(빨강, 주황, 녹색 등)은 '+'로, 흰색 케이블은 '-'로 보면 됩니다.

3. 전원 & 리셋 스위치 교환하기

앞의 방법으로도 안 된다면 전원 케이블의 스위치 고장일 수 있습니다. 만약 본체에 리셋 버튼이 있다면 전원 버튼과 교환하여 임시적으로 해결할 수 있는데, 메인보드에도 전원, 리셋 케이블이 분리되어 있어야 가능합니다(POWER SW와 RESET SW 케이블이 따로 있어야 합니다). 두 케이블의 위치를 서로 바꿔 꽂은 다음 리셋 버튼으로 부팅해 보세요.

리셋 버튼 | 전원 버튼

Q 리셋 버튼이 없거나 근본적으로 고치려면 어떻게 하나요?

전원 버튼 케이블(POWER SW)를 교체하면 됩니다. 하지만 다소 난이도가 높아 실습 영상으로 소개하겠습니다.

함께 보면 좋은
동영상 강의

Q 모든 방법으로도 전원이 안 켜지면 어떻게 하나요?

마지막으로 파워 서플라이부터 CPU, 메인보드 교체를 시도해 볼 수 있습니다. 하지만 메인보드, CPU 교체는 호환성 때문에 모든 부품을 교체해야 할 수 있어, PC를 교체하는 게 나을 수 있습니다. 하지만 파워 서플라이 교체는 비용이 비교적 저렴하고 어렵지 않으니 310쪽을 참고해 보세요.

01-7 컴퓨터 부팅 시 오류가 발생할 때 Ⅰ (블루 스크린)

이번에는 본체 전원과 모니터는 잘 켜지는데, 부팅 과정에서 오류가 발생하여 바탕 화면에 진입할 수 없을 때 해결법을 알아보겠습니다. 다음과 같은 '블루 스크린'은 하드웨어보다는 시스템 오류나 손상 등이 원인인 경우가 많아 비교적 간단하고 비용 없이 해결할 수 있습니다. 다음의 경우 '중지 코드'를 인터넷에 검색하여 해결법을 찾아볼 수 있지만, 결국 여러 가지 방법을 시도해야 하므로 쉬운 순서대로 소개하고자 합니다.

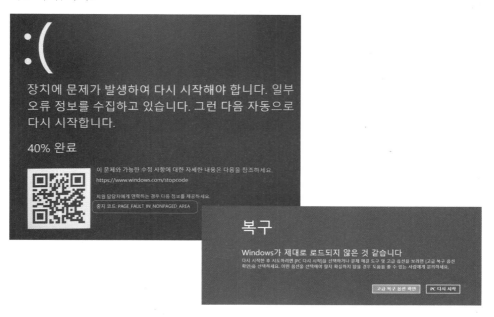

이렇게 해결할 거예요!
이미 확인해 보았다면 체크 표시 후 넘어가세요!

1. 윈도우 10 점검 모드 진입하기 ☑

2. 하드웨어 분해 및 점검하기 ☐

3. 디스크 고장 검사하기 ☐

하면 된다! ▸ 윈도우 10 점검 모드 진입하기

난이도 ★☆☆

1. 이번 절의 모든 내용은 윈도우 10 점검 모드에서 소개하므로 해당 모드를 실행해야 합니다. 만약 바탕화면이나 로그인 화면까지 진입할 수 있다면, [전원] 버튼을 누른 다음 Shift를 누른 상태에서 [다시 시작]을 선택합니다.

함께 보면 좋은
동영상 **강의**

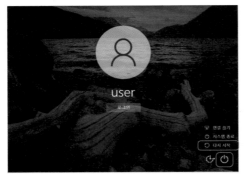

2. 위의 방법이 불가능하다면 PC 전원을 켜고 2초 뒤에 다시 전원 버튼을 꾹 눌러 강제 종료하는데, 이 동작을 3번 반복합니다. 복구 화면이 나타나면 [고급 복구 옵션 확인]을 클릭합니다.

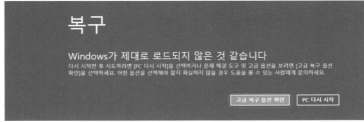

3. 1~2번 단계의 방법을 진행했다면 다음의 화면이 나타나는데 [문제 해결 → 고급 옵션]을 누릅니다.

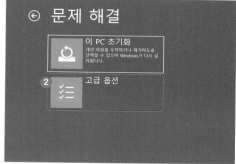

4. 이제 [고급 옵션] 창이 나타나는데, 이번 절의 모든 내용은 여기서부터 진행하면 됩니다.

하면 된다! ▶ 시동 복구하기

난이도 ★☆☆

1. 가장 간단한 복구부터 시도하겠습니다. [시동 복구]를 클릭하고 여러분의 계정을 선택한 뒤 암호를 입력합니다. 암호가 없다면 그대로 [계속]을 클릭합니다.

2. 다음과 같이 PC 진단이 진행되고, 복구가 완료되면 정상 부팅이 됩니다. 복구에 실패했다면 다시 [고급 옵션]을 눌러 다른 방법을 시도합니다.

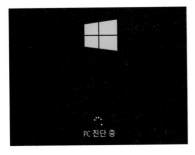 

하면 된다! ♪ 업데이트 제거하기   난이도 ★☆☆

간혹 윈도우 업데이트 버그로 인해 윈도우 시스템이나 드라이버 충돌 등으로 오류가 발생하기도 하므로, 최근 설치한 윈도우 업데이트를 제거해 보겠습니다. [업데이트 제거 → 최신 품질/기능 업데이트 제거 → 품질 업데이트 제거 → 기능 업데이트 제거]를 진행합니다. 최근에 설치한 업데이트가 없다면 진행되지 않을 수 있습니다.

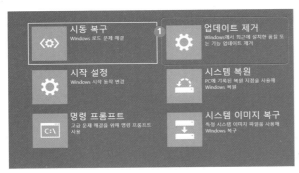 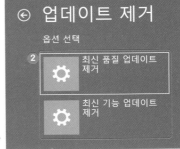

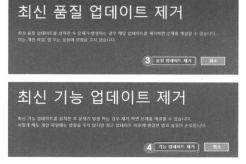
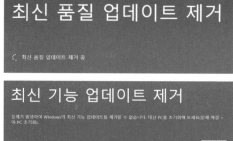

하면 된다!▶ 시스템 복원하기

난이도 ★☆☆

1. 윈도우는 중요 업데이트나 설정 변경, 프로그램 설치 등이 있을 때, 그 직전의 시점을 자동으로 저장해서 오류가 발생할 때 복원할 수 있는 기능이 있습니다. [시스템 복원]을 클릭합니다.

함께 보면 좋은
동영상 **강의**

2. 만약 복원 지점이 전혀 없다면 다음과 같은 오류 창이 나타나니 [취소]를 눌러 다른 방법을 시도해 보세요.

3. 복원 지점이 있다면 다음과 같은 화면이 나타나며 [다음]을 선택하고 오류가 없었던 시점을 선택한 뒤 [다음]을 클릭합니다. 이때 특정 프로그램 및 데이터가 손실될 수 있으니 [영향을 받는 프로그램 검색]을 눌러 확인하세요. 저장된 데이터에 대한 경고는 없지만, 해당 시점 이후에 저장된 데이터는 별도로 백업하는 것이 안전합니다.

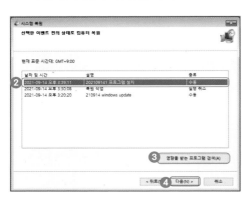

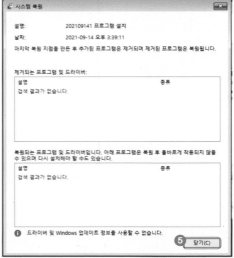

4. 모든 준비가 끝나면 [마침 → 예]를 눌러 시스템 복원을 진행합니다.

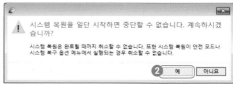

5. 시스템 복원이 완료되면 다음과 같은 화면이 나타납니다. [다시 시작]을 눌러 PC 부팅이 잘 되는지 확인해 보세요.

하면 된다! ▶ 복구 명령어 입력하기

난이도 ★★☆

1. 이번에는 안전 모드로 진입하여 윈도우 손상 복구 명령어를 입력해 보겠습니다. 점검 모드에서 [시작 설정 → 다시 시작]을 클릭합니다.

함께 보면 좋은
동영상 **강의**

안전 모드란 윈도우, macOS, 리눅스 등 운영 체제를 진단하기 위한 복구 전용 모드입니다.

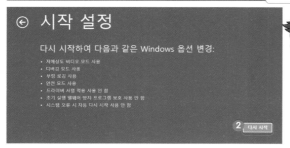

2. 다음 화면이 나타나면 키보드에서 ⑤를 눌러 [5) 안전 모드(네트워킹 사용) 사용]을 선택합니다.

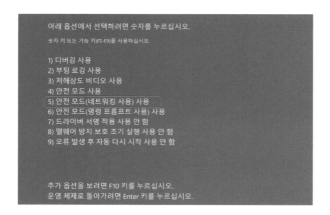

3. 그러면 다음과 같이 검은 색 배경의 안전 모드로 진입 됩니다.

4. 여기서 [검색 → 명령 프롬프트]를 실행하면 다음과 같은 검은색 배경의 도스 창 이 열립니다.

5. 이제 3가지 명령어를 입력하여 문제 해결을 시도해 보겠습니다. 먼저 sfc /scannow 를 입력한 후 Enter 를 누릅니다. 다음과 같이 확인 단계가 진행되며, 손상된 윈도우 시스템 파일이 자동으로 복구될 수 있습니다. 복구가 완료되면 PC를 재부팅하여 확인해 보세요.

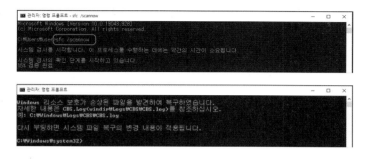

6. 앞의 방법으로 해결되지 않았다면, 윈도우 업데이트 이미지를 내려받아 기존 윈도우의 손상 오류를 복원해 보겠습니다. DISM.exe /Online /Cleanup-image / Restorehealth를 입력한 후 Enter 를 누릅니다.

7. 마지막 방법으로 윈도우가 아닌 디스크 자체 손상 및 오류를 복구해 보겠습니다. chkdsk /f를 입력한 후 Enter 를 누릅니다. '이 볼륨을 검사하도록 하시겠습니까?' 에서 진행이 안 된다면, y를 입력하고 계속 진행합니다.

8. 모든 검사가 끝나면 이제 PC를 재부팅하여 정상 부팅이 되는지 확인합니다. PC 재부팅이 될 때, 다음과 같이 디스크 오류가 수정되는 화면이 나타나므로 끝까지 기다려주세요.

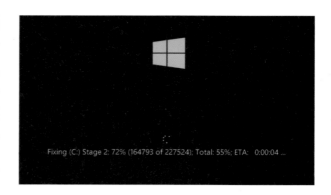

하면 된다!〉 윈도우 10 설치 이미지로 복구하기   난이도 ★★☆

윈도우 10 설치 CD 또는 USB가 있다면 가장 빠르게 해결할 수 있습니다. 윈도우를 새로 설치하는 게 아니라, 윈도우 원본 시스템으로 PC에 설치된 윈도우 오류를 수정하는 원리입니다. 윈도우 10 설치 디스크가 없더라도, 마이크로소프트에서 무료로 제공하니까 8GB 이상 USB를 준비해서 262쪽의 'USB로 윈도우 10 설치하기'를 참고하고, 다음의 방법을 따라 해보기 바랍니다.

1. 준비한 윈도우 10 설치 CD 또는 USB를 PC에 꽂고 재부팅합니다. 이때 재부팅 단축키를 여러 번 눌러 부팅 디스크를 선택해야 하는데, 이는 PC 제조사마다 다르므로 아래 표를 참고하세요.

PC 제조사	단축키	메인보드	단축키
삼성	Esc, F10	애즈락(ASROCK)	F11
LG	F12, F10	바이오스타(BIOSTAR)	
HP	F9, F10	이엠텍(EMTEK)	F7, F9
MSI	F11	앱솔루트(ABSOLUT)	
레노버	Fn + F12	이스타(ESTAR)	
DELL	F12	ECS	F7, F8, F11

PC 제조사	단축키	메인보드	단축키
에이서(ACER)	F12	폭스콘(FOXCONN)	Esc, F7
에이수스(ASUS)	F8	기가바이트	F12
후지쯔(FUJITSU)	F12	MSI	F11
한성	F7	인텔(INTEL)	F10
주연	Esc, F7		
TG삼보	F9~F12		
도시바(Toshiba)	F12		

2. 윈도우 10 설치 디스크로 부팅했다면, 잠시 뒤 다음과 같이 윈도
우 로고가 나타나고 설치 화면이 나타나면 [다음]을 클릭하고 [컴퓨
터 복구]를 클릭합니다.

3. [문제 해결 → 시동 복구]를 클릭합니다.

4. [Windows 10] 운영체제를 클릭하여 PC 정상 부팅을 시도합니다.

5. 다음과 같은 오류가 발생해도 [고급 옵션 → 계속]을 클릭하여 PC 부팅을 시도해 보세요. 실패 관련 메시지가 떠도 정상적으로 부팅되는 경우가 있습니다.

⚙️ **그래도 복구가 안 됩니다!**
부트 로더가 손상됐을 수 있는데, 복구 과정이 다소 어려울 수 있으니 실습 영상을 참고해 보세요!

함께 보면 좋은
동영상 **강의**

앞의 모든 방법으로도 PC 부팅이 안 된다면, 부팅 오류 해결
보다는 아예 PC를 처음 상태로 초기화하는 게 더 빠를 수 있
습니다. 선택에 따라 개인 파일(각종 문서, 사진, 영상 등 모든 데이
터)을 유지할 수 있다고는 하지만 마이크로소프트도 100% 보
장하거나 책임지지는 않으므로, 정말 중요한 데이터가 있다
면 별도로 백업해 두는 것이 좋습니다. 또한 각종 프로그램
재설치와 개인 설정 등이 번거로울 수 있으니, 104쪽의 '디스
크 케이블 재연결 및 청소하기'도 참고해 보면 도움이 됩니다.

함께 보면 좋은
동영상 **강의**

1. 점검 모드로 진입하고 [문제 해결 → 이 PC 초기화]를 선택합니다.

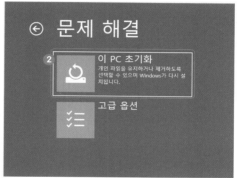

2. 여기서는 [내 파일 유지]를 선택하겠습니다. 중요한 데이터가 없다면 [모든 항목
제거]로 진행하는 것이 더욱 쾌적합니다.

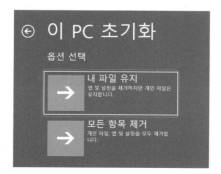

3. 일반적으로 [로컬 다시 설치]로 진행합니다.

4. 잠시 후 최종 화면이 나타나면 [초기화]를 클릭합니다.

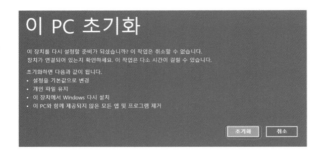

5. PC 초기화가 진행되고, 모두 완료되면 로그인 화면 또는 바탕화면이 나타납니다.

  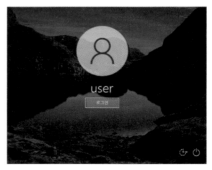

01-8 컴퓨터 부팅 시 오류가 발생할 때 II (블랙 스크린)

다음과 같은 '블랙 스크린'은 주로 하드웨어 문제가 많아 컴퓨터 내부를 점검해야 하고 부품 교체가 필요한 경우가 많습니다. 그래도 간단한 문제일 수 있으니, 순서대로 하나씩 점검해 보세요.

이렇게 해결할 거예요!
이미 확인해 보았다면 체크 표시 후 넘어가세요!

1. 외부 저장 장치 제거하고 재부팅하기 ☑

2. 디스크 및 각종 케이블 연결 점검하기 ☐

하면 된다! 〉 외부 저장 장치 및 부팅 순서 확인하기   난이도 ★☆☆

이 경우는 비교적 간단한데, 컴퓨터에 USB나 외장 하드, SD 카드 등 외부 저장 장치가 꽂혀 있다면, 전부 뽑고 재부팅해 보세요.

함께 보면 좋은
동영상 강의

```
Reboot and Select proper Boot device
or Insert Boot Media in selected Boot device and press a key
```

부팅이 잘 된다면, 컴퓨터가 부팅될 때 윈도우가 설치된 디스크(=C 드라이브)를 1순위로 인식해야 하는데, 외부 저장 장치를 먼저 인식해서 그렇습니다. USB 등을 꽂은 채로 부팅하고 싶다면, BIOS에서 부팅 우선순위를 변경해야 합니다.

강제 종료할 필요 없이, 키보드
Ctrl + Alt + Del 을 누르면 재부팅됩니다.

1. BIOS에 진입하기 위해서 컴퓨터 전원을 켜자마자 BIOS 진입 단축키를 연타해
야 하는데 PC 제조사마다 달라 아래 표에 맞는 단축키를 눌러 주세요.

PC 제조사	단축키	PC 제조사	단축키
삼성	F2 , Esc	기가바이트(GIGABYTE)	F12 , Del , F2
LG	F2 , F12	애즈락(ASRock)	F11 , F2 , Del
HP	F10 , Esc	인텔(Intel)	F10
마이크로소프트	F1 , F12 , Del	한성컴퓨터	Del , F10
에이수스(ASUS)	F2 , Del , Esc	레노버(Renovo)	F1 , F2
도시바(Toshiba)	F1 , F2	에이서(Acer)	F2 , Del
소니(SONY)	F2 , [ASSIST] 버튼	ECS	Del

제조사별 BIOS 진입 단축키

2. BIOS 진입에 성공했다면 다음과 같은 화면이 나타납니다.

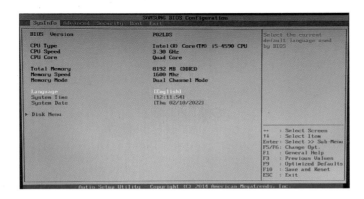

3. 키보드 방향키 →, ←로 상단의 [Boot] 메뉴로 이동하세요. 키보드 방향키 ↓, ↑로 [Boot Device Priority]로 이동한 뒤 Enter를 누릅니다.

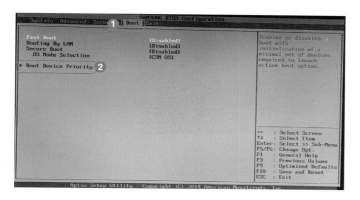

4. 내 PC와 연결된 디바이스들이 부팅 순서대로 나타납니다. 아래의 경우, 윈도우가 없는 CD롬, USB, 외장 하드가 부팅되므로 오류가 발생할 것입니다. 기존 1TB HDD에도 윈도우가 설치되어 있다면 SSD보다 먼저 부팅될 것입니다.

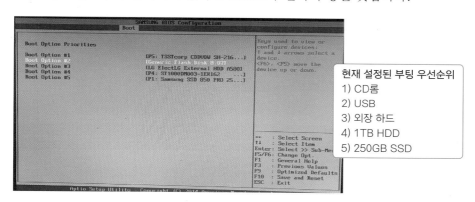

현재 설정된 부팅 우선순위
1) CD롬
2) USB
3) 외장 하드
4) 1TB HDD
5) 250GB SSD

5. 따라서 SSD로 부팅하려면 우선순위를 1순위로 설정하면 됩니다. 방향키 ↓, ↑로 [Boot Option #1]로 이동한 다음 Enter를 누르고 SSD를 찾아 한 번 더 Enter를 누르면 1순위로 설정됩니다.

하지만 다음에 CD나 USB로 윈도우를 설치할 때는 해당 디스크를 1순위로 변경해야 합니다.

6. 키보드에서 F10을 누르고 [Yes]에 Enter를 눌러 재부팅합니다.

하면 된다! ▷ 디스크 문제 확인하기

난이도 ★☆☆

다음의 경우도 위와 비슷하지만, 윈도우 시스템 손상일 수도 있고 디스크 문제일 수도 있습니다. PC가 오래된 경우, 그동안 쌓인 먼지 또는 충격으로 케이블 접촉에 문제가 생겼거나 디스크 수명이 다한 경우가 많습니다. 디스크 고장인 경우, 부품 교체는 물론 윈도우까지 새로 설치해야 합니다.

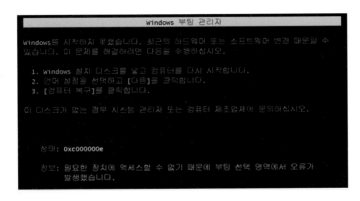

1. 디스크 부팅 순서 변경

앞의 원인과 동일하게 디스크 부팅 순서 때문일 수도 있습니다. 앞서 소개한 BIOS 부팅 순서 변경 방법을 참고하여, 윈도우가 설치된 디스크를 1순위로 놓거나 CD 또는 USB 등을 뽑고 부팅해 보세요.

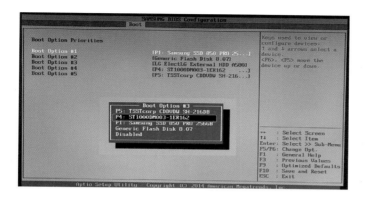

2. 윈도우 시스템 파일 손상 때문일 수 있습니다. 94쪽의 '윈도우 10 설치 이미지로 복구하기'를 시도해 보세요. 이 방법도 안 된다면, 하드웨어 문제일 확률이 높아 컴퓨터 내부를 점검해야 합니다.

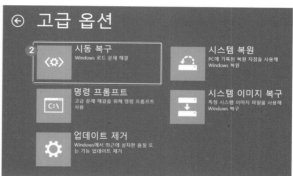

하면 된다! ⟩ 디스크 케이블 재연결 및 청소하기   난이도 ★★☆

이제는 컴퓨터를 개봉하고 디스크를 점검해야 합니다. 최악의 경우 디스크 고장일
수 있지만 단순한 접촉 불량인 경우도 많아 기초부터 점검해 보겠습니다.

1. 디스크 청소 및 재장착하기

컴퓨터 뒷면의 모든 케이블을 제거하고 나사를 풀고, 옆면 덮개를 뒤쪽으로 밀어서
열어 줍니다.

이 과정을 진행하기 전에 내부 먼지 청소부터 하는 것이 좋습니다.

2. 메인보드에서 운영체제가 설치된 디스크의 위치를 확인합니다. 보통 SSD에 설
치되어 있는데, 먼저 M.2 SSD 위치부터 확인해 보세요. M.2 SSD가 없다면 **5**번 단
계부터 진행하세요.

이렇게 생긴 것이 M.2 SSD 입니다.

3. M.2 SSD가 있다면 고정된 나사를 풀고 위로 들어올려 빼주세요.

4. 에어 스프레이나 에어건 등으로 SSD와 슬롯을 청소하고, 다시 역순으로 꽂아 부팅이 잘 되는지 확인해 보세요.

5. M.2 SSD가 없다면 3.5인치 HDD나 2.5인치 SSD를 점검해 보세요. 디스크가 장착된 철제 케이스 위치를 확인하고 나사를 풀고 위로 밀어서 빼줍니다.

6. 디스크의 모든 케이블을 뽑을 건데, 플라스틱이나 철제 고정 버튼을 누른 채 뽑아야 합니다. 디스크가 2개 이상이면 모두 뽑으세요.

7. 메인보드에 장착된 SATA 케이블도 뽑습니다.

8. 마지막으로 디스크의 슬롯과 케이블, 메인보드의 포트를 청소하고 모두 재조립한 다음 PC 부팅이 잘 되는지 확인해 보세요. 디스크 재조립 시 반드시 케이블과 포트의 'ㄴ' 모양에 맞게 장착해야 합니다.

올바르게 장착된 모습

9. 케이블 및 포트 교체하기

앞의 모든 방법으로 해결되지 않았다면, 단순 접촉 불량보다는 특정 부품의 고장일 수 있습니다. M.2 SSD는 케이블이 없으니 바로 교체하거나 윈도우 재설치를 시도 해 보고, 2.5인치, 3.5인치 디스크는 SATA 케이블부터 교체해 보세요. ODD(CD롬) 도 SATA 케이블이므로 이를 사용해도 좋습니다.

10. 여전히 부팅이 안 된다면 윈도우를 재설치해 볼 수 있지 만, 디스크 고장이라면 금방 또 부팅이 안 될 수 있습니다. 이 렇게 되면 시간을 더 낭비하게 되죠. 그래서 윈도우를 재설치 하기전에 디스크 고장 여부를 먼저 검사하는 것이 좋으며, 모 든 실습 내용은 옆의 QR코드를 참고해 주세요.

함께 보면 좋은
동영상 **강의**

01-9 컴퓨터 소리가 나오지 않을 때

퇴근 후 집에서 게임이나 영화를 보려 하는데 갑자기 스피커(또는 이어폰, 헤드셋)에서 소리가 안 나온다면 굉장히 답답할 수 있습니다. 스피커나 PC 고장일 수도 있지만, 간단한 설정 문제인 경우가 더 많아 쉽게 해결해 볼 수 있습니다.

이렇게 해결할 거예요!
이미 확인해 보았다면 체크 표시 후 넘어가세요!

1. 스피커 전원 및 음량 확인하기 ☑

2. 케이블 연결 확인하기 ☐

3. 윈도우 기본 볼륨 확인하기 ☐

4. 윈도우 볼륨 고급 설정 확인하기 ☐

5. 사운드 드라이버 재설치하기 ☐

하면 된다!〉 스피커 기본 연결 및 설정 확인하기   난이도 ★☆☆

1. 스피커 전원 및 음량 확인하기

가장 먼저 스피커 전원은 켰는지, 음량은 적당히 올렸는지 확인해 보세요. 가끔 별도의 전원 버튼 없이 음량을 올려서 전원을 켜거나 끌 수 있는 모델도 있습니다.

함께 보면 좋은 동영상 **강의**

전원 버튼이 있는 경우

전원 버튼이 없는 경우
(볼륨 조절로 ON/OFF)

2. 윈도우 볼륨 확인하기

윈도우 작업 표시줄의 🔊를 눌러 음소거는 아닌지, 음량은 적당히 올렸는지 확인해 보세요.

3. 케이블 및 포트 연결 확인하기

스피커나 헤드셋은 케이블이 3개인 경우가 있는데, USB 케이블은 전력공급용으로 아무데나 꽂으면 되지만 나머지는 입출력 포트에 맞게 꽂아야 합니다. 보통 동일한 색상에 꽂으면 되지만 아이콘 모양과 명칭도 함께 확인하는 게 좋습니다. 데스크톱 전면부에 포트 1개만 있다면 거의 출력(OUT) 포트입니다.

> 잘 꽂아도 소리가 나오지 않는다면, 다른 PC에서도 확인하여 제품 고장을 진단해 보는 게 좋습니다.

- MIC(분홍색): 마이크 단자 연결 (마이크 아이콘, 분홍색)
- OUT(녹색): 출력 단자 연결(헤드셋 아이콘, 녹색)
- IN(파란색): 아날로그 사운드 입력 장치 연결(파란색)

4. 스피커 출력 장치 선택하고 음량 확인하기

윈도우에는 출력 장치를 선택할 수 있는 기능이 있습니다. 예를 들어, 컴퓨터 1대에 스피커, 헤드셋, 이어폰을 모두 연결했다면 1개만 선택할 수 있는 기능입니다. 그래서 가끔 이어폰이 연결된 걸 못 보고, 스피커 소리가 나오지 않는다고 생각할 수 있습니다. 간혹 모니터 자체에도 출력 기능이 있어서 스피커 소리가 나오지 않을 수 있습니다. 출력 장치가 모니터로 선택됐기 때문이죠.

이럴 땐 윈도우 작업 표시줄의 🔊을 누르고 [재생 디바이스 선택] 영역을 눌러, 원하는 출력 장치를 선택하고 음량을 조절해 확인해 보세요.

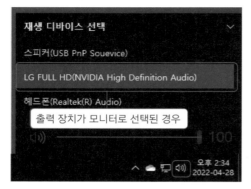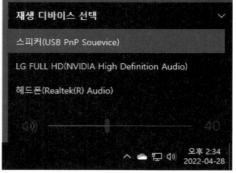

하면 된다!▶ 고급 설정 확인하기

난이도 ★☆☆

보통 위의 방법으로 해결되지만, 문제가 조금 더 복잡한 경우도 있습니다. 출력 장치의 한쪽만 소리가 나오지 않거나 작을 때, 또는 특정 앱의 소리가 나오지 않는 경우 등입니다. 이번 실습에서는 윈도우 작업 표시줄의 🔊 아이콘에서 마우스 오른쪽 클릭을 하면 나타나는 메뉴부터 시작합니다.

함께 보면 좋은 동영상 강의

1. 만약 특정 앱의 소리가 작거나 나오지 않는다면 🔊을 누르고 [볼륨 믹서 열기]를 선택합니다. [응용 프로그램]의 볼륨은 개별적으로 조절할 수 있는데, 다음처럼 동영상 플레이어의 볼륨이 0%라면 다른 볼륨만큼 올려 주세요.

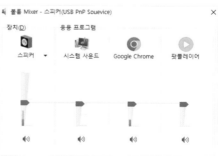

2. 앞의 방법을 적용해도 특정 앱의 소리가 나오지 않는다면 을 누르고 [소리 설정 열기 → 앱 볼륨 및 장치 기본 설정]을 차례대로 누르세요.

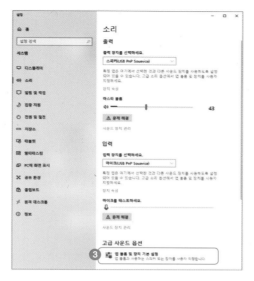

앱별로 입출력 장치를 설정할 수 있는 기능인데, 전부 [기본값]으로 바꾼 다음 확인해 보세요.

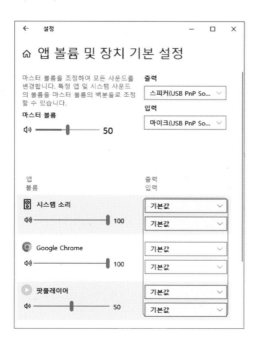

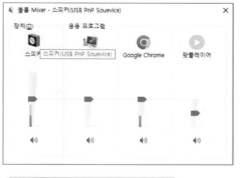

앱 볼륨의 음량은 절대값이 아니라, 마스터 볼륨에 대한 비율입니다. 예를 들어, 마스터 볼륨 50%, 앱 볼륨 50% 라면 실제 앱 볼륨은 25%가 됩니다.

3. 만약 출력 장치 양쪽의 음량이 서로 다르다면 🔊을 누르고 [소리]를 누르고 해당 출력 장치에서 [마우스 오른쪽 클릭 → 속성 → 수준 → 밸런스]를 차례대로 누릅니다. 출력 장치의 방향별 음량이 서로 다르다면 동일하게 맞춰 주는 게 좋습니다(L: Left, R: Right).

제품 고장이 아닌 연결이나 설정 문제도 아니라면 드라이버 재설치를 시도해 보세요.

함께 보면 좋은 동영상 강의

1. 사운드 드라이버 업데이트 및 재설치하기

⊞+⊠를 눌러 다음의 메뉴 창을 띄우고 [장치 관리자]를 클릭합니다. [사운드, 비디오 및 게임 컨트롤러]를 더블클릭하여 펼친 다음, 상단 메뉴의 [하드웨어 변경 사항 검색] 아이콘을 클릭합니다.

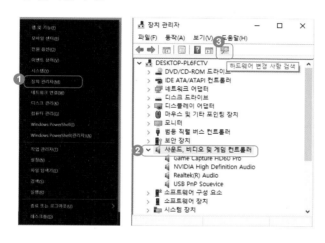

2. 해당 스피커를 선택하고 [마우스 오른쪽 클릭 → 드라이버 업데이트]를 선택합니다.

여러분의 스피커가 무엇인지 모른다면 전부 진행해도 좋지만, 주로 Realtek® Audio 또는 High Definition Audio가 많습니다.

3. [드라이버 자동 검색]을 클릭하세요. 이미 최신 버전이거나 해결되지 않으면 **4**번의 방법을 진행하세요.

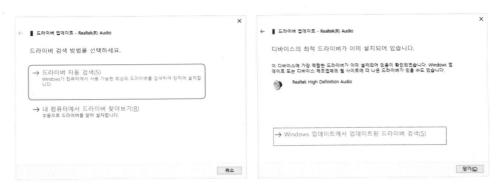

4. 이번에는 해당 드라이버를 제거하고 새로 설치하는 방법입니다. 해당 스피커를 선택하고 [마우스 오른쪽 클릭 → 디바이스 제거]를 선택합니다.

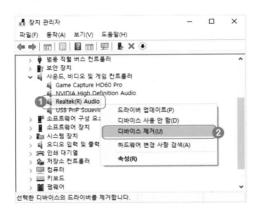

5. [이 장치의 드라이버 소프트웨어를 삭제합니다] 확인란이 있다면 체크하고 [제거]를 클릭합니다.

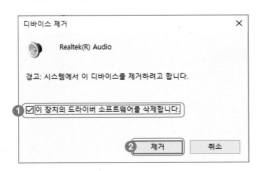

6. 해당 드라이버가 사라지면 PC를 재부팅하여 해당 드라이버가 재설치됐는지 확인해 보세요. 보통 재부팅 과정에서 자동으로 설치되지만, 설치되지 않았다면 🪟+Ⅰ를 누르고 [업데이트 및 보안 → 업데이트 확인]을 눌러 업데이트를 최신화하고 다시 확인해 보세요.

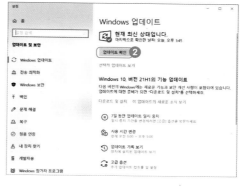

> ### 💬 모든 방법으로도 해결되지 않으면 어떻게 하나요?
>
> 윈도우 시스템 오류일 수 있으니 PC 초기화를 시도해 볼 수 있습니다. 그래도 안 된다면 컴퓨터 내부의 사운드 카드 고장일 수 있는데 정밀 점검이나 교체보다는, USB 사운드 카드를 사용하는 게 훨씬 빠르고 저렴할 수 있습니다(약 10,000원 내외).
>
>
>

01-10 프린터 출력이 되지 않을 때

프린터는 사무실에서 많이 사용할 텐데, 급할 때 문서 출력이 되지 않으면 답답할 겁니다. 컴퓨터를 잘하는 동료가 있다면 부탁해도 되겠지만, 독자 여러분만큼은 부탁을 '받는' 동료가 되었으면 좋겠습니다.

이렇게 해결할 거예요!
이미 확인해 보았다면 체크 표시 후 넘어가세요!

1. 프린터 전원 확인하기

2. 프린터 드라이버 설치 유무 확인하기 ☐

3. 프린터 기본 설정 확인하기 ☐

하면 된다!▶ 프린터 기본 설정 및 초기화하기   난이도 ★☆☆

1. 프린터 전원 다시 켜기

아주 단순한 조치이지만, 프린터 사양에 비해 동시 사용자가 많거나 인쇄 대기량이 너무 많아 작업이 정지될 수 있습니다. 이때 프린터 전원을 끄고 전원 케이블까지 뽑은 다음, 10초쯤 기다렸다가 다시 케이블을 꽂고 전원을 켜서 문서를 출력해 보세요.

2. 프린터 드라이버 유무 및 기본 설정 확인하기

모든 프린터는 PC와 연결했다고 해서 바로 작동하지는 않고, 해당 모델에 맞는 소프트웨어 드라이버까지 설치해야 제대로 작동합니다. 윈도우 바탕화면에서 [시작 → 설정 → 장치]를 클릭합니다.

3. [프린터 및 스캐너]를 클릭하고 오른쪽 목록에서 해당 프린터의 모델명이 있는지 확인해 보세요. 해당 프린터를 클릭하고 [대기열 열기]를 클릭합니다.

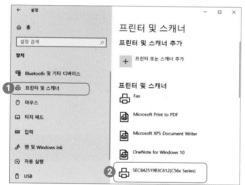 

4. 상단 메뉴의 [프린터 → 기본 프린터로 설정]을 선택합니다.

5. 모든 문서 취소하기

이미 프린터 드라이버도 설치되어 있고 기본 프린터로 설정도 되어 있다면 출력 문서가 많거나 다른 프로세스와 충돌해서 먹통이 될 수 있습니다.

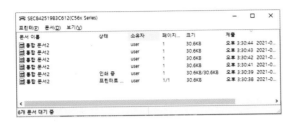

6. 상단 메뉴의 [프린터 → 모든 문서 취소]를 클릭하면 대기 중인 모든 출력 목록이 사라집니다. 다시 출력을 시도해 보세요.

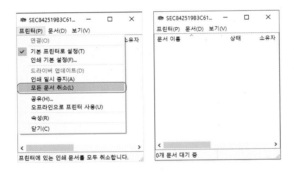

하면 된다!〉 프린터 드라이버 재설치하기   난이도 ★☆☆

1. 기존 드라이버 삭제하기

프린터 드라이버 재설치로 오류 해결을 시도해 보겠습니다. 윈도우 [시작] 버튼을 누르고 바로 프린터 및 스캐너를 검색하여 실행한 뒤, 해당 프린터를 선택하고 [장치 제거]를 누릅니다.

2. 프린터 드라이버 설치하기

프린터 드라이버는 제조사, 모델에 따라 설치 방법이 다르지만, 대표적인 설치 요령과 다운로드 주소를 알려 드리겠습니다. 삼성전자 C563FW 모델 기준으로, 다운로드 자료실에서 모델명을 검색하여 클릭합니다.

* 삼성전자 다운로드 자료실: www.samsungsvc.co.kr/download

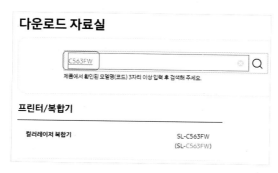

3. 설치 파일이 많아 헷갈릴 수 있지만 여러분 PC의 운영체제와 드라이버 종류만 확인하면 됩니다. 다음의 경우 운영체제는 모두 같지만 프린트 드라이버(Print Driver)는 2가지입니다. 각각의 차이는 압축 파일(ZIP), 실행 파일(EXE)인데 아무거나 내려받아도 좋습니다.

4. 드라이버 설치 프로그램을 실행하고 [설치하기 → 확인 → 다음]을 클릭합니다.

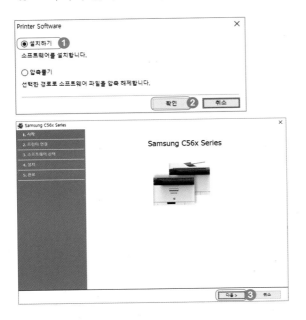

5. 설치 동의서의 모든 내용을 숙지하고 동의한 뒤에 [다음]을 클릭합니다.

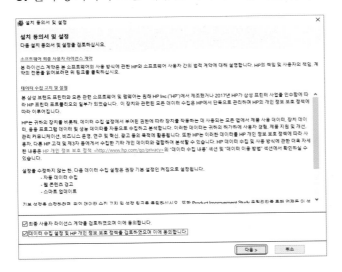

6. 그다음 [신규 프린터]를 클릭하면 3가지 연결 유형(USB/네트워크/무선)이 나타나는데, 프린터 케이블을 PC와 직접 연결했다면 [USB]를 선택하고 [다음]을 클릭하여 설치를 진행합니다.

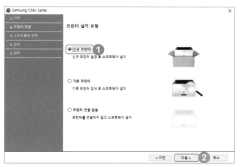

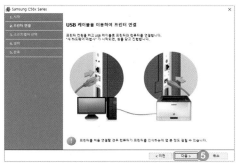

> ⚙️ **프린터를 개인용이 아니라, 사무실 공용으로 쓸 때는 어떻게 설치하나요?**
>
> 이 부분은 크게 3가지 방법이 있는데, 내용이 길어지고 다소 난이도가 있어 영상으로 소개하겠습니다.
>
> 함께 보면 좋은 **동영상 강의**
>
>

02

누구나
한번쯤 겪는
PC 불편 해결법

갑자기 로그인 암호가 생각나지 않아 컴퓨터 고객센터에 문의한다면, 고객센터는 포맷을 권유할 것입니다. 하지만 이 책의 내용을 따라 하면 포맷 없이도 해결할 수 있습니다. 또한 컴퓨터 용량이 부족할 때 지금 소개할 팁을 활용한다면 더욱 빠르고 효과적으로 용량을 확보할 수 있습니다. 그 밖의 경고창이나 키보드, 마우스 오류, 노트북 발열, 소음 등 은근히 불편한 문제도 한번에 해결해 보세요!

02-1 비밀번호가 기억나지 않을 때

컴퓨터 비밀번호는 주로 윈도우 로그인 암호(디스크에 설치된 윈도우 내부에 설정된 비밀번호)를 사용하지만, 보안 수준을 높이기 위해 BIOS 암호(디스크가 아닌, 메인보드 칩에 설정된 비밀번호)까지 설정하는 경우가 있습니다. 이 장에서는 윈도우 로그인 암호 기준으로 설명하며, 가장 많이 사용하는 비밀번호, PIN 번호, 마이크로소프트 계정 암호에 초점을 맞춰 소개하겠습니다.

이렇게 해결할 거예요!
이미 확인해 보았다면 체크 표시 후 넘어가세요!

1. PIN 번호 확인하기 ☑

2. 마이크로소프트 계정 암호 확인하기 ☐

3. 윈도우 비밀번호 찾기 ☐

하면 된다!▶ PIN 번호 찾기   난이도 ★☆☆

1. PIN 번호를 잊어버렸다면 [PIN 잊음 → 코드 전송]을 누르고, 해당 메일로 전송된 일회용 코드를 입력한 뒤 [로그인]을 누릅니다.

함께 보면 좋은
동영상 강의

2. 해당 메일로 발송된 [코드]를 입력하고 [확인 → 계속]을 누릅니다.

3. 새 PIN 번호를 입력하고 [확인]을 누르면
정상적으로 로그인이 됩니다.

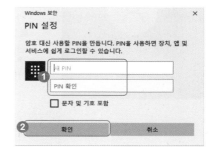

1. 마이크로소프트 계정 암호가 기억나지 않는다면 [(메일 주소)로 코드 메일 보내기]를 선택하고 [코드 가져오기]를 클릭합니다.

함께 보면 좋은
동영상 **강의**

2. 해당 메일로 수신된 [코드]를 입력하고 [다음]을 누른 뒤 새 암호를 입력하고 [다음]을 눌러 로그인을 계속 진행합니다.

3. 평소 PIN 번호 없이 마이크로소프트 계정으로만 로그인했다면 PIN 번호 생성을 권유하는 창이 나타납니다. 지금은 필요 없다면 ×를 눌러 로그인을 계속 진행합니다. PIN 번호 생성을 원하면 [다음]을 누르고 PIN 번호를 입력하고 [확인]을 누르면 정상으로 로그인됩니다.

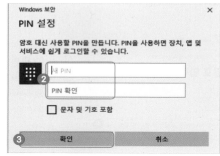

하면 된다! ▶ 윈도우 비밀번호 찾기

난이도 ★★☆

1. NTPWEdit 0.7 프로그램 설치하기

이번에는 PIN 번호나 마이크로소프트 계정 암호가 아닌, PC 자체의 비밀번호를 변경해 보겠습니다. 먼저 윈도우 10 설치 파일이 마운트된 USB가 필요합니다. 카페 게시판에서 NTPWEdit 0.7 프로그램을 내려받아 USB에 넣고 압축을 해제합니다.

함께 보면 좋은
동영상 강의

* NTPWEdit 0.7 다운로드: cafe.naver.com/msooriya/1946

2. USB를 꽂은 채로 PC를 재부팅하며, 다음과 같은 화면이 나타나면 키보드 아무 키나 눌러 줍니다. 다음과 같은 메시지가 나타나지 않고, 윈도우로 바로 부팅된다면 제조사별 부팅 순서 키를 눌러, 윈도우 10 설치 프로그램이 마운팅된 USB를 선택해서 부팅해야 합니다. 키보드 방향키로 조절하고 [Enter]를 누릅니다.

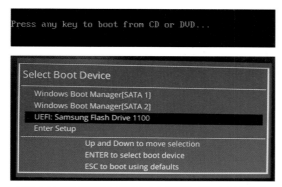

부팅 순서 선택 화면(PC 제조사마다 화면이 다를 수 있습니다).

3. 윈도우 10 설치 USB로 부팅이 되고 윈도우 설치 화면이 나타나면 [Shift]+[F10]을 누릅니다.

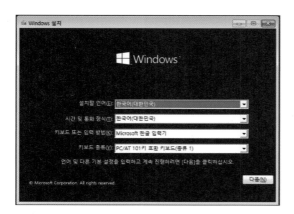

4. 다음과 같은 검은색 도스 화면이 나타나면 diskpart를 입력하고 [Enter]를 누른 후 잠시 기다립니다. list volume을 입력한 후 [Enter]를 누르고, 자신의 USB Ltr 문자를 확인합니다. 다소 헷갈릴 수 있지만, [레이블]의 모델명과 [크기]의 용량으로 USB를 구분하면 쉽습니다. 저의 경우는 [ESD-USB, 32GB]이므로, Ltr 문자는 E가 되겠습니다. 확인이 끝났다면 exit를 입력한 후 [Enter]를 누르고 DISKPART 모드를 빠져나옵니다.

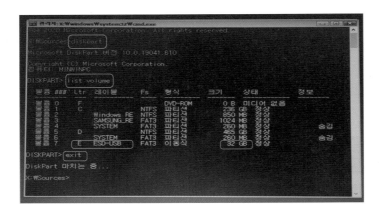

5. 이제 앞에서 확인한 [Ltr 문자]:를 입력한 후 [Enter]를 누릅니다. 저의 경우는 e:를 입력했지만, PC마다 환경이 다를 수 있으므로 여러분의 Ltr 문자에 맞게 진행하세요(대소문자 구분 없이 입력해도 됩니다). dir를 입력하고 [Enter]를 누른 후 USB에 [ntpwed07] 폴더가 잘 삽입됐는지 확인합니다. cd ntpwed07을 입력하고 [Enter]를 누른 후 해당 폴더로 이동합니다.

6. dir를 입력한 후 (Enter)를 눌러 ntpwed07 파일이 있는지 확인합니다. 마지막으로 ntpwedit64.exe를 입력한 후 (Enter)를 눌러 해당 프로그램을 실행합니다. 윈도우 10, 32비트라면 ntpwedit.exe를 실행해야 하지만, 최근 윈도우 10은 거의 64비트입니다.

7. 이제 NTPWedit 0.7 프로그램이 실행됐습니다. ▦ 아이콘을 클릭하여 SAM 파일을 선택하고 [열기]를 클릭합니다.

 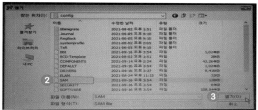

8. 여러분의 윈도우 계정을 선택하고 [Change password]를 클릭합니다. 제 경우는 3개의 계정(user, sooriya, koojin)이 있는데 [user]의 암호를 변경해 보겠습니다.

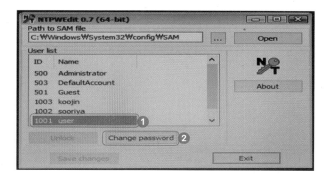

9. 새 암호를 입력하고 [OK]를 누릅니다.

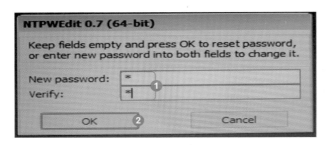

10. [Save changes]를 눌러 비밀번호 변경을 완료하고 [Exit]를 눌러 창을 닫습니다.

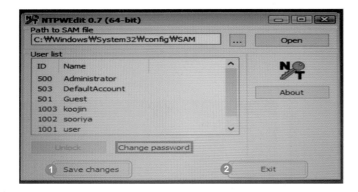

11. 이제 USB를 뽑은 뒤 모든 창을 닫고 PC를 재부팅하여 새 비밀번호로 로그인해보세요.

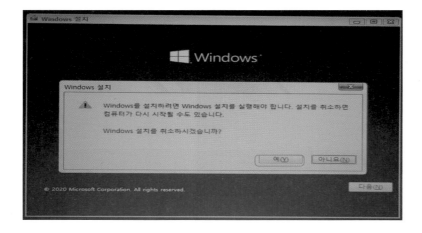

02-2 컴퓨터 용량이 부족할 때

컴퓨터를 오래 사용하다 보면 디스크 용량이 가득차서 더 이상 저장이 되지 않고 각종 오류 창이 발생하며, PC 속도가 점점 느려질 수 있습니다. 이럴 땐 당연히 불필요한 파일과 프로그램을 삭제해야 용량이 확보되는데, 기본적인 가이드와 팁을 정리해 보았습니다.

이렇게 해결할 거예요!
이미 확인해 보았다면 체크 표시 후 넘어가세요!

1. 다운로드 폴더 정리하기 ☑

2. 불필요한 프로그램 제거하기 ☐

3. 잉여 파일 및 대용량 폴더 확인하기 ☐

하면 된다! ﹥ 다운로드 폴더 정리하기　　　　　난이도 ★☆☆

1. 윈도우 탐색기에서 [다운로드] 폴더에 들어갑니다. 인터넷에서 파일을 내려받을 때마다 파일이 누적되는 폴더인데, 불필요한 파일을 삭제합니다.

함께 보면 좋은
동영상 **강의**

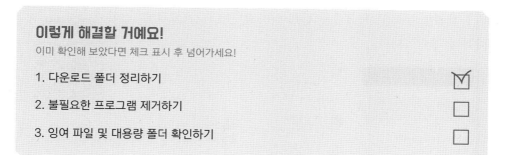

상단 [크기] 탭을 누르면, 용량이 오름차순, 내림차순으로 정렬되니, 용량이 큰 파일을 빠르게 확인할 수 있습니다.

2. [다운로드] 폴더에서 불필요한 파일을 삭제한 뒤 반드시 [바탕화면 → 휴지통 → 비우기]까지 해야 파일이 확실히 삭제되고 용량이 확보됩니다. 단, 휴지통 비우기 이후에는 삭제된 파일을 복원할 수 없으니 신중하게 확인해야 합니다.

하면 된다!〉 불필요한 프로그램 제거하기 난이도 ★☆☆

1. 이번에는 불필요한 프로그램을 제거해 보겠습니다. 윈도우 [시작]을 누르고 제어판을 검색하여 실행하고 [프로그램 제거]를 클릭합니다.

함께 보면 좋은
동영상 강의

2. [크기] 탭을 눌러 용량 크기별로 정렬하고 불필요한 파일에 대해 [마우스 오른쪽 클릭 → 제거]로 제거합니다.

하면 된다!} 잉여 파일 및 용량 많은 폴더 제거하기

난이도 ★☆☆

1. 프로그램을 제거해도 그동안 저장됐던 파일들이 그대로 남아 있는 경우가 있습니다. 윈도우 탐색기에서 [문서] 폴더로 이동하여 제거된 프로그램과 유사한 폴더명이 있다면 삭제하세요. 또한 카카오톡 PC 버전을 사용한다면 [카카오톡 받은 파일] 폴더에 내가 내려받은 사진과 동영상이 많을 수 있으니 확인해 보세요.

함께 보면 좋은
동영상 강의

2. 보통 C 드라이브에는 윈도우 관련 폴더가 대부분이고, 사용자가 설치한 프로그램들은 [Program Files] 또는 [Program Files (x86)] 폴더에 저장되는데, C 드라이브 폴더에 바로 저장되는 경우가 있습니다.

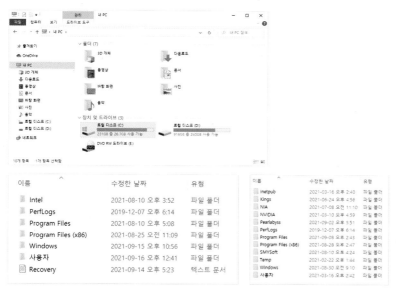

윈도우 설치 직후 C 드라이브   각종 프로그램 설치한 후 C 드라이브

3. 윈도우와 관련되지 않은 폴더가 있다면 [마우스 오른쪽 클릭 → 속성]을 눌러 파일 크기를 확인하고 사용하지 않는 프로그램이라면 삭제하세요.

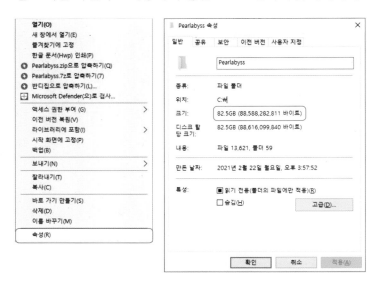

4. [Program Files], [Program Files (x86)] 폴더의 하위 폴더에 들어가서 용량 크기를 확인하면서 제거합니다.

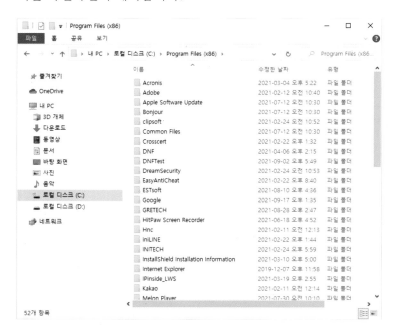

함께 보면 좋은
동영상 강의

⚙️ 용량이 큰 폴더를 한 번에 찾을 수는 없나요?

앞의 방법을 진행하다 보면 용량이 큰 파일, 폴더를 찾아내는 게 답답했을 겁니다. 이럴 때 TreeSize Free 프로그램을 활용하면 용량이 큰 폴더에서 [마우스 오른쪽 클릭 → 열기] 또는 [삭제]를 통해 파일을 삭제하고 용량을 빠르게 확보할 수 있습니다. 물론 삭제한 파일은 휴지통 비우기까지 해야 용량이 확보됩니다.

> * TreeSize Free 다운로드:
> cafe.naver.com/msooriya/1947

02-3 윈도우 업데이트 때문에 부팅이나 종료가 느릴 때

마이크로소프트는 버그 패치와 기능 개선, 보안 강화를 위해 주기적으로 윈도우 업데이트를 진행합니다. 인터넷이 연결된 PC는 부팅할 때 또는 전원을 종료할 때 자동 업데이트가 진행되기도 하는데 꽤 오래 걸리기 때문에 불편합니다. 윈도우 업데이트를 사용자가 원할 때만 진행할 수 있게 설정하는 방법을 소개하겠습니다.

컴퓨터 부팅, 종료 과정에서 업데이트 될 때, 강제로 전원을 끄지 마세요! 부팅이 되지 않을 수 있습니다.

이렇게 해결할 거예요!
이미 확인해 보았다면 체크 표시 후 넘어가세요!

1. 업데이트 구성 확인하기

하면 된다! ▶ 업데이트 구성 변경하기

난이도 ★★☆

1. ⊞+R 을 눌러 [실행] 창을 열고 gpedit.msc를 입력한 후 [확인]을 누릅니다.

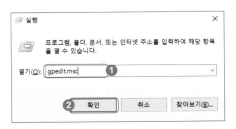

함께 보면 좋은
동영상 강의

2. [로컬 그룹 정책 편집기] 창에서 [컴퓨터 구성 → 관리 템플릿 → Windows 구성 요소 → Windows 업데이트]까지 이동한 다음, 오른쪽 목록에서 [자동 업데이트 구성]을 더블클릭하여 실행합니다.

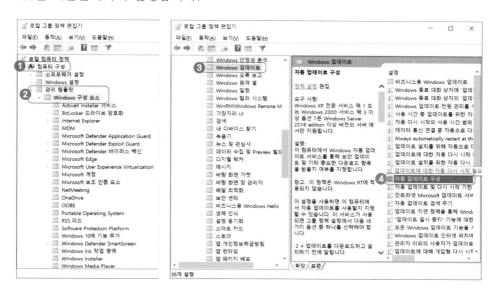

3. [사용]을 선택하고 [자동 업데이트 구성 → 다운로드 및 자동 설치 알림]으로 변경하고 [확인]을 누릅니다. 이제 PC 부팅 및 종료 시 자동으로 업데이트되지 않을 것입니다.

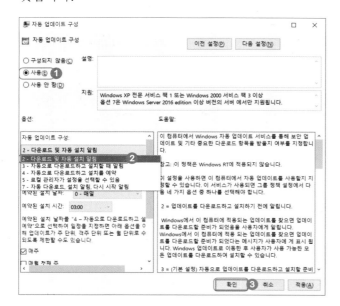

02-4 윈도우 부팅, 프로그램 실행 시 뜨는 경고 창 없애기

컴퓨터를 새로 구매했거나 윈도우를 재설치했을 때, 다음과 같은 경고 창을 많이 봤을 겁니다.

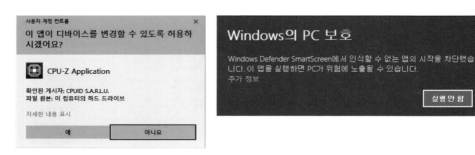

이 경고 창은 사용자가 실행한 프로그램이 바이러스나 악성코드일 수 있으니 한 번 더 확인하라고 알려 주는 윈도우 보안 기능이지만, 실제로 악성코드 여부를 판별하지는 않습니다. 그래서 보안 효과보다는 스트레스가 더 클 수 있기에, 경고 창이 뜨지 않게 설정하는 게 좋을 수 있습니다.

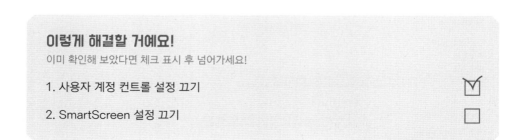

이렇게 해결할 거예요!
이미 확인해 보았다면 체크 표시 후 넘어가세요!

1. 사용자 계정 컨트롤 설정 끄기 ☑
2. SmartScreen 설정 끄기 ☐

하면 된다! ▶ 사용자 계정 컨트롤 설정 끄기

난이도 ★☆☆

윈도우 [시작]을 누르고 사용자 계정 컨트롤 설정 변경을 검색해 실행합니다. [사용자 계정 컨트롤 설정] 창에서 [알리지 않음 → 확인]을 누릅니다.

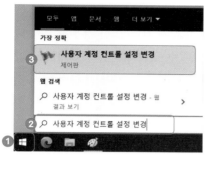 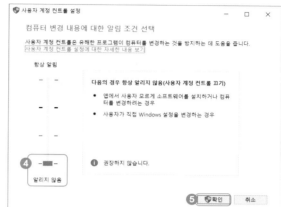

하면 된다! ▶ SmartScreen 설정 끄기

난이도 ★☆☆

윈도우 [시작]을 누르고 평판 기반 보호를 검색해 실행합니다. [Windows 보안] 창에서 SmartScreen 관련 항목을 모두 [끔]으로 변경합니다.

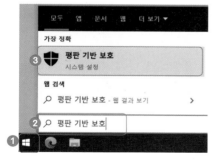 

02-5 키보드 입력 반응이 없거나, 빠르거나 느릴 때

가끔씩 키보드 입력이 전혀 되지 않거나, 입력이 너무 빠르거나 느린 경우가 있습니다. 키보드가 오래됐어도 고장이 아닌 일시적 현상일 수 있으니 다른 PC에서도 안되는지 확인해 보는 것이 좋습니다. 현재 PC에 다른 키보드를 꽂아도 입력이 되지 않는다면 PC 문제일 수 있으니 근본 원인을 잘 파악하는 것이 중요합니다.

이렇게 해결할 거예요!
이미 확인해 보았다면 체크 표시 후 넘어가세요!

1. 키보드 연결 상태 및 포트 확인하기 ☑

2. 키보드 드라이버 변경하기 ☐

3. 키보드 레지스트리 변경하기 ☐

하면 된다!》 키보드 입력이 되지 않을 때   난이도 ★☆☆

1. 키보드 연결 포트 확인하기

이 경우 일시적인 접촉 불량일 수도 있으니 USB를 뽑았다가 다시 꽂아 보고, 다른 USB 포트에도 꽂아 보세요. 키보드가 USB가 아닌 PS/2 타입인 경우에는 USB 변환 젠더를 사용해 볼 수 있습니다.

USB 타입   PS/2 타입   PS/2 to USB 젠더

2. 키보드 드라이버 점검하기

기기나 포트 고장이 아니라면 드라이버 인식 오류일 수 있습니다. ⊞+ⓧ를 누르고 [장치 관리자]를 실행하세요. [키보드]를 찾아 [마우스 오른쪽 클릭 → 하드웨어 변경 사항 검색]을 누릅니다.

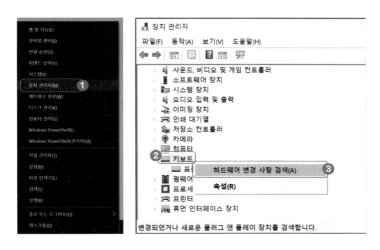

3. [키보드]를 더블클릭하여 펼치고 하위 목록에 대해서 [마우스 오른쪽 클릭 → 드라이버 업데이트 → 드라이버 자동 검색]을 진행합니다.

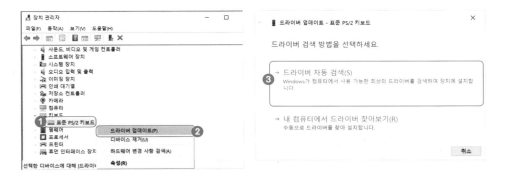

4. 키보드 레지스트리 변경하기

앞의 방법으로 안 된다면, 작업 표시줄에서 [마우스 오른쪽 클릭 → 터치 키보드 단추 표시]를 누른 뒤 작업 표시줄에 나타난 키보드 모양 아이콘을 클릭해 화상 키보드를 실행합니다. 그런 다음 윈도우에서 [시작]을 누르고 실행을 입력해 [실행] 창을 연 다음 regedit를 입력하고 [확인]을 누릅니다.

5. [레지스트리 편집기] 창에서 다음 경로로 이동하고 오른쪽 목록의 [Start]를 더블클릭한 뒤 [값 데이터: 1]로 변경하고 [확인]을 눌러 보세요. 여전히 입력이 되지 않는다면 PC 재부팅하고 다시 확인합니다.

> *** 경로:** HKEY_LOCAL_MACHINE - SYSTEM - CurrentControlSet - Services - i8042prt

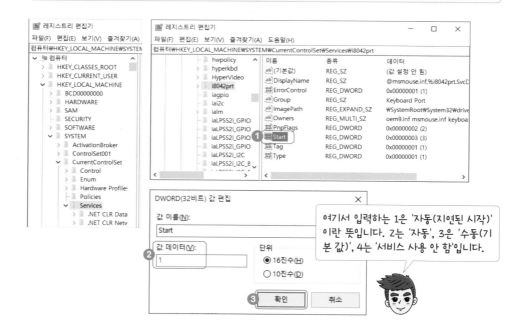

여기서 입력하는 1은 '자동(지연된 시작)'
이란 뜻입니다. 2는 '자동', 3은 '수동(기
본 값)', 4는 '서비스 사용 안 함'입니다.

하면 된다!▶ 키보드 입력이 느리거나 빠를 때 설정 변경하기 난이도 ★☆☆

타이핑을 하다 보면 키보드 반응이 너무 빨라 오타가 나거나, 반응이 느려 답답한 경우가 있습니다. 이것은 오류라기보다는 키보드 설정의 차이인데, 간단히 변경할 수 있습니다.

함께 보면 좋은
동영상 **강의**

1. 윈도우 [시작]에서 [제어판]을 실행하고 스크롤을 내려 [키보드]를 클릭합니다.

2. [키보드 속성] 창의 [재입력 시간]과 [반복 속도]를 조절하여 여러분에게 맞는 속도로 설정하고 [확인]을 누릅니다. 이 부분은 [길게/짧게], [느림/빠름]을 직접 설정하고 [키 반복 속도 테스트]에서 문자 1개를 쭉 누르고 있으면 금방 이해가 될 겁니다. 대략적인 느낌은 다음과 같습니다.

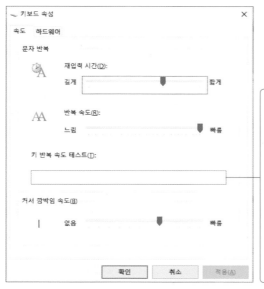

* **키보드 A를 쭉 누르고 있을 때**
- **재입력 시간(길게):** A~~~~~AAAAA(두 번째 문자 입력 직전에 지연 시간이 있음)
- **재입력 시간(짧게):** AAAAAA(두 번째 문자 입력 직전에 지연 시간 없음)
- **반복 속도(느림):** A A A A A A(각각의 문자가 늦게 입력됨. 툭툭 끊기는 느낌)
- **반복 속도(빠름):** AAAAAA(각각의 문자가 빠르게 입력됨)

02-6 마우스 클릭, 휠 버튼 사용 시 더블클릭되거나 빠르거나 느릴 때

마우스는 컴퓨터의 대표적인 소모품으로, 사용자 조작에 따른 직접적인 접촉이 많아 다른 부품에 비해 고장이 빨리 발생하는 편입니다. 아예 작동되지 않는다면 다른 USB 포트나 다른 PC에 꽂아 확인하는 게 가장 빠릅니다. 하지만 다음의 경우라면 집에서 혼자 고칠 수 있습니다.

이렇게 해결할 거예요!
이미 확인해 보았다면 체크 표시 후 넘어가세요!

1. 무선 마우스 배터리 및 전원 상태 확인하기 ☑

2. 마우스 연결 상태 및 포트 확인하기 ☐

3. 마우스 속도 조절 버튼 확인하기 ☐

하면 된다!〉 마우스 포인터 속도 조절 및 더블클릭 설정 변경하기 난이도 ★☆☆

마우스 포인터의 속도와 원 클릭, 더블클릭 실행은 간단한 설정으로 변경할 수 있습니다.

함께 보면 좋은
동영상 강의

1. 윈도우 [시작]에서 [제어판]을 검색하고 실행합니다. 화면 오른쪽 상단에서 [보기 기준: 큰 아이콘]을 선택하고 [마우스]를 선택합니다.

2. [마우스 속성] 창의 [단추] 탭에서 [두 번 클릭 속도]를 통해 더블클릭의 속도를 조절할 수 있습니다.

❶ **빠름:** 아주 빠르게 더블클릭해야 폴더가 열립니다.

❷ **느림:** 느리게 더블클릭해도 폴더가 열립니다.

3. 이번에는 [포인터 옵션] 탭으로 이동하여 포인터 속도를 느리거나 빠르게 조절할 수 있습니다. 원하는 속도로 설정했다면 [확인]을 눌러 완료합니다.

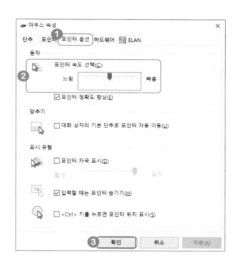

4. 마우스 더블클릭 속도를 조절하고도 한 번 클릭했는데 폴더가 열린다면, 속도가 아닌 설정 때문일 수 있습니다. 아까 실행했던 [제어판]에서 스크롤을 맨 아래로 내려 [파일 탐색기 옵션]을 실행합니다.

5. [한 번 클릭해서 열기]가 선택되어 있다면 [두 번 클릭해서 열기]를 선택하고 [확인]을 눌러 주세요. 보통은 [두 번 클릭해서 열기]로 설정되어 있는데, 사용자에 따라 [한 번 클릭해서 열기]로 사용하는 경우가 있습니다.

마우스 모델에 따라, 포인터 속도를 즉시 조절할 수 있는 버튼이 있는 경우도 있습니다. 이는 윈도우 설정의 속도와는 별개이니, 편의에 따라 설정해 보세요.

하면 된다! ▶ 마우스 클릭감 및 휠 반응 점검하기   난이도 ★☆☆

마우스를 오래 사용하다 보면, 클릭이 잘 되지 않거나 '딸깍' 하는 소리와 느낌이 예전과 다른 경우가 있습니다. 스크롤을 조절하는 휠 버튼이 겉돌거나, 소리와 느낌이 이상해지는 경우가 있습니다. 마우스는 컴퓨터 주변 기기 중 상대적으로 저렴해서 교체 부담이 적긴 하지만, 금방 고칠 수 있고 여러분의 스킬 향상에도 도움이 되니 한 번쯤은 분해 점검을 해보면 좋습니다.

함께 보면 좋은
동영상 강의

무상 A/S 보증 기간이 남아 있다면, 절대 분해하지 말고 구매처에 문의하세요.

1. 마우스 뒷면의 나사 구멍을 찾아 나사를 전부 풀어 줍니다. 마우스 모델마다 나사 구멍의 위치가 다르며, 스티커나 고무 패드 안에 숨겨져 있는 경우가 있습니다. 이때 스티커 훼손 시 무상 보증이 불가하니 A/S 기간을 꼭 확인하세요. 고무 패드는 다시 붙일 수 있게, 칼로 살살 뜯어내야 합니다. 이번 실습 과정은 로지텍 G102 마우스 기준으로 설명합니다.

마우스 고무 패드가 훼손됐다면 인터넷에서 저렴하게 구매할 수 있습니다(검색어 예시: 로지텍 g102 마우스 피트).

2. 나사를 모두 제거했다면 상판을 살짝 들어냅니다. 이때 상/하판이 케이블로 연결된 경우도 있으니, 조심스럽게 개봉하고 나사를 풀어 주세요.

3. 이제 청소를 진행합니다. 눈에 보이는 먼지, 이물질을 핀셋이나 에어 스프레이 등으로 제거합니다. 미세한 먼지와 때를 제거하기 위해 부속품을 최대한 분해하고, 면봉과 물티슈로 구석구석 청소합니다. 물티슈, 면봉은 고무, 플라스틱 부분만 청소하세요. 전자 회로에 물기가 닿으면 안 되고, 면봉 솜이 끼일 수 있습니다.

4. 클릭, 휠 버튼이 납땜으로 고정되어 있다면 더 이상 분해하지 않고 청소하는 게 좋습니다. 청소하고도 클릭, 휠 버튼이 이상하다면 해당 부품만 따로 교체할 수 있지만, 납땜까지 해야 하니 전문가가 아니라면 새 마우스로 교체하기를 권장합니다. 청소를 끝내면 분해하던 순서의 역순으로 모두 재조립하고 마우스 버튼을 확인해 보세요.

02-7 노트북 발열과 소음이 심할 때

노트북으로 고사양 게임이나 프로그램을 사용할 때 키보드가 점점 뜨거워지거나 조용한 도서관에서 팬 소음 때문에 민망했던 경험이 한 번씩 있을 겁니다. 메인보드 중앙에 있는 CPU의 온도가 가장 높다 보니 그 위에 있는 키보드의 온도 역시 서서히 높아지기 때문입니다. 이때 노트북 시스템은 이 열기를 배출하기 위해 내부에 장착된 쿨링 팬을 더 빠르게 회전하는데, 이로 인해 팬 소음도 커집니다.

노트북은 데스크톱에 비해 매우 작고 얇기 때문에 금방 온도가 높아지고 통풍도 데스크톱에 비해 좋지 못합니다. 그래서 고사양 프로그램을 구동하거나 장시간 사용하기에는 적합하지 못합니다. 하지만 발열과 소음을 어느 정도 개선하는 간단한 방법이 몇 가지 있습니다.

이렇게 해결할 거예요!

이미 확인해 보았다면 체크 표시 후 넘어가세요!

1. 발열 시 작업 관리자 프로세스 점유율 확인하기 ☑

2. 열 배출 공간 상태 확인하기 ☐

하면 된다! ♪ 노트북 방열 구조 이해 및 온도 확인하기 　　　난이도 ★☆☆

1. 노트북 방열 구조 이해하기

해결법을 소개하기 전에, 노트북의 열 순환 구조와 쿨링 팬의 역할을 알아야 합니다. 대부분의 노트북 아랫면에는 공기 흡입구가 있고, 옆면과 아랫면에는 열 배출구가 있는데, 쿨링 팬이 아랫면에서 시원한 공기를 흡입해 내부를 냉각하고 내부의 열기를 밖으로 배출하는 역할을 합니다.

하지만 아랫면이 책상과 바로 맞닿아 있으면, 시원한 외부 공기가 유입되지 않아 내부가 제대로 냉각되지 않고, 공기 흐름도 막혀 열도 잘 배출되지 않습니다. 뜨거운 열기가 내부에서 순환되면 노트북 온도는 계속 올라가고 쿨링 팬이 더 빠르게 회전하며 소음이 증가하니 악순환이 반복됩니다. 그래서 게이밍 노트북은 이 배출구가 조금 더 많고 넓긴 하지만, 근본적으로는 아랫면의 공간을 확보해야 열이 제대로 배출되어, 노트북의 발열과 소음이 개선됩니다.

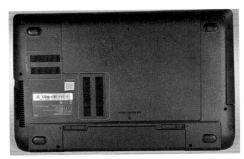 

일반 사무용 노트북 배출구

게이밍 노트북 배출구

2. 하드웨어 온도 실시간 측정 프로그램 사용하기

HWMonitor 프로그램을 내려받아 실행하면, 온도, 전압, 용량 등 하드웨어의 상태를 실시간으로 확인할 수 있습니다. 처음에는 모두 펼쳐져 있어서 복잡해 보

일 수 있지만, [+], [-]를 눌러 원하는 부분만 보이게 할 수 있습니다. [Temperatures]를 눌러 온도를 확인합니다. 여기서 [Value]는 평균 수치, [Min]은 최소 수치, [Max]는 최대 수치를 의미합니다.

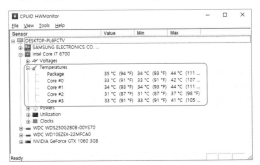

* HWMonitor 다운로드: cafe.naver.com/msooriya/1950

하면 된다!ᐟ 노트북 발열과 소음 근본적으로 관리하기 난이도 ★☆☆

1. 노트북 하단 공간 확보하기

노트북 하단에 두껍고 미끄러지지 않는 물체(책, 지우개 등)를 받쳐서 임시로 공간을 확보할 수는 있지만, 영구적으로는 노트북 쿨링 패드를 사용하는 것이 좋습니다.

함께 보면 좋은
동영상 **강의**

노트북 쿨링 패드의 종류는 굉장히 다양한데, 노트북 크기, 높이 조절, USB 포트 개수, 온오프 버튼 유무를 고려하여 구매하세요. 특히 쿨링 팬의 날개가 많으면 노트북의 흡입구 위치와 맞지 않아 효과가 떨어질 수 있습니다. 노트북 쿨링 패드는 디스플레이 위치를 높여 주므로, 거북목과 부상 방지 효과도 매우 좋습니다. 하지만 타이핑이 불편해 USB 키보드가 따로 필요하게 되고, 디스플레이가 멀고 작아져 듀얼 모니터가 필요해질 수 있습니다.

노트북 받침대 · 쿨링팬 ON/OF 버튼

2. 노트북 내부 먼지 청소하기

노트북을 오래 사용하다 보면 내부에 먼지가 계속 쌓이게 됩니다. 쿨링 팬이 외부의 공기를 흡입하는 과정에서 주변 먼지도 함께 빨아들이는 것이죠. 먼지 때문에 흡입구의 통로가 좁아지면서 공기 유입이 줄어들면 아무리 쿨링 팬을 쓰더라도 발열, 소음이 개선되지 않습니다. 따라서 에어 스프레이를 활용하여 내부 먼지를 주기적으로 청소해야 합니다.

청소 주기는 분기별 1회 이상을 권장하며, 노트북 하판까지 분해하여 청소하는 것이 가장 깔끔합니다. 노트북 분해 및 청소 방법은 영상을 참고하세요.

3. 키보드 스킨 제거하기

효과가 크지는 않지만 가장 간단한 방법입니다. 자판을 입력하다 보면 마찰로 인해 미세한 열이 발생할 수 있고, 손에서 나오는 열기가 노트북에 전달될 수 있습니다. 노트북 키 스킨이 자판을 덮고 있다면 내부 열이 조금이라도 방출되지 못하고 계속 고이게 됩니다. 그래서 노트북 키 스킨을 벗기고 사용하면 발열과 소음을 줄이는 데 조금이라도 도움이 될 수 있습니다.

4. USB 키보드 사용하기

노트북 키보드는 내부 열이 더 잘 느껴지고 타건감이 불편할 수 있어, USB 키보드를 별도로 사용하는 게 좋습니다. 이는 노트북 자판의 스크래치 방지나 수명 보존에도 도움이 됩니다.

5. 노트북 배터리 분리하기

모든 노트북에는 전력을 저장할 수 있는 배터리가 장착되어 있습니다. 이 배터리는 노트북을 충전하거나 사용할 때 모두 열이 발생하는데, 어차피 노트북을 장시간 사용할 때는 전원 케이블을 꽂아 충전하면서 사용하기 때문에 배터리를 분리해 놓는 게 좋습니다. 이는 배터리의 과충전과 방전을 예방하여 수명 보존에도 도움이 됩니다. 단, 15인치 이상의 노트북은 배터리를 분리할 수 있는 경우가 많지만, 일부 기종 및 소형 노트북은 배터리가 일체형인 경우가 있으니 참고하세요.

하면 된다! ﹥ 윈도우 설정으로 노트북 발열과 소음 줄이기   난이도 ★☆☆

이번에는 노트북 설정을 통해 발열과 소음을 줄여 보겠습니다. 이 방법은 노트북의 성능을 조금 낮추기 때문에 가장 마지막에 적용해 보고 성능이 불편해졌다면 다시 되돌리면 됩니다.

함께 보면 좋은
동영상 **강의**

1. 윈도우에서 [시작]을 누르고 [설정 → 시스템]으로 들어갑니다.

2. [전원 및 절전]에서 [추가 전원 설정]을 클릭합니다.

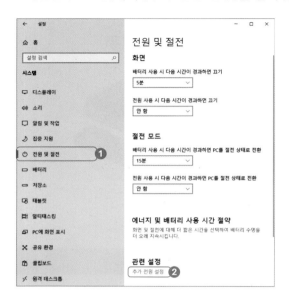

3. [설정 변경 → 고급 전원 관리 옵션 설정 변경]을 클릭합니다.

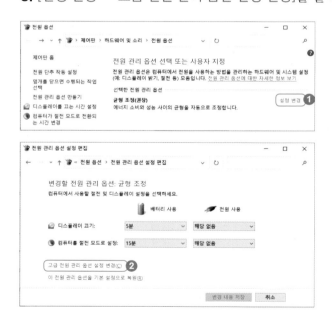

4. [전원 옵션] 창에서 스크롤을 내려 [프로세서 전원 관리]를 더블클릭하여 모두 펼쳐 줍니다. [배터리 사용](전원 케이블 없이 배터리를 사용하는 경우)을 [수동]으로 설정하고, [전원 사용](전원 케이블로 충전하면서 사용하는 경우)을 [활성]으로 설정합니다.

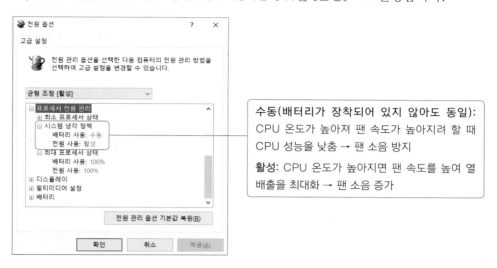

수동(배터리가 장착되어 있지 않아도 동일): CPU 온도가 높아져 팬 속도가 높아지려 할 때 CPU 성능을 낮춤 → 팬 소음 방지

활성: CPU 온도가 높아지면 팬 속도를 높여 열 배출을 최대화 → 팬 소음 증가

5. [최대 프로세서 상태](CPU 최대 성능 상태를 백분율로 지정하는 기능)를 [99%]로 낮춥니다. 이렇게만 해도 CPU 성능과 온도가 낮아져 발열과 소음이 크게 줄어드는 경우가 많습니다. CPU 사양이 넉넉하거나, 고사양 프로그램을 사용하지 않는다면 [90%] 정도로 낮추고 쓸 만한지 확인해 보는 것도 좋습니다.

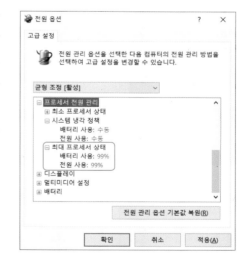

⚙️ **게임용으로 고사양 노트북을 구매해도 괜찮을까요?**

일반 노트북에 비해 쿨링 효과도 높겠지만 데스크톱보다 발열이 심해 쿨링 패드가 필요하며, 듀얼 모니터에 USB 키보드까지 사용하면 결국 데스크톱과 비슷한 공간을 차지하게 됩니다. 게다가 같은 사양이면 데스크톱보다 비용이 높기에, 휴대성이 중요한 게 아니라면 데스크톱을 권장합니다.

02-8 알아 두면 편리한 노트북 활용 팁 3가지

모든 노트북에는 터치 패드가 있어 마우스 없이 포인터를 움직여 클릭할 수 있습니다. 하지만 마우스를 사용할 때는 오히려 불편하여 터치 패드를 껐다가 필요할 땐다시 켜곤 하는데 이 과정이 번거로울 수 있습니다. 이럴 때 마우스를 연결하면 자동으로 터치 패드가 꺼지게 할 수 있는데, 한 번만 설정하면 되니 매우 편리합니다. 또한 노트북은 디스플레이를 열 때 자동으로 전원이 켜지고, 닫으면 자동으로 절전되거나 전원이 꺼지는 편의 기능도 있습니다. 불편하다면 이 기능을 끄는 것이 더나을 수도 있습니다.

하면 된다! ▶ 마우스 연결 시 터치 패드 자동으로 끄기   난이도 ★☆☆

1. 윈도우 [시작 → 설정 → 장치]를 클릭합니다.

함께 보면 좋은
동영상 강의

2. [마우스 → 추가 마우스 옵션]을 클릭합니다.

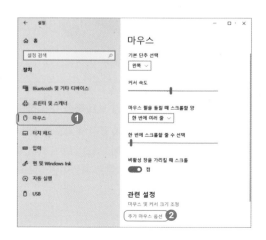

3. [마우스 속성] 창의 [Touchpad]에서 [외장형 USB 포인팅 장치 장착 시 작동 안함]과 비슷한 문구를 확인하고 [확인]을 누릅니다. 이 UI 화면과 문구는 노트북 기종, 터치 패드 버전마다 다를 수 있지만 맥락이 비슷한 항목을 선택하면 됩니다. 간혹 이 기능이 [장치 설정] 탭에 있는 경우도 있으니 살펴보세요.

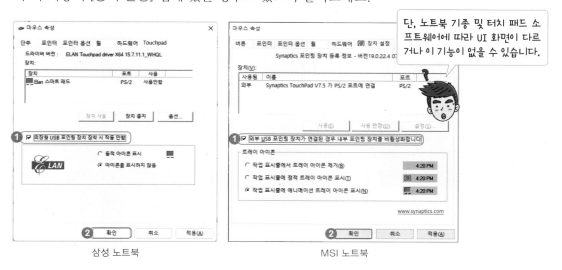

삼성 노트북   MSI 노트북

> 단, 노트북 기종 및 터치 패드 소프트웨어에 따라 UI 화면이 다르거나 이 기능이 없을 수 있습니다.

하면 된다!} 노트북 덮개를 열 때 자동으로 켜지지 않게 하기   난이도 ★☆☆

2015년 이후에 출시된 삼성 노트북은 덮개를 열었을 때 전원이 자동으로 켜지는 경우가 있습니다. 사용자 편의 차원에서 전원 버튼을 누르는 수고를 덜어 주는 기능이지만 오히려 더 번거로울 수도 있죠. 그래서 이 기능을 끄고 수동으로 전원을 켜는 게 더 편할 수 있습니다.

함께 보면 좋은 동영상 강의

1. 삼성 노트북의 경우

윈도우에서 [시작 → Samsung Settings]를 검색해 실행한 뒤 [자동 부팅 → 끔] 설정하고 창을 닫으면 됩니다.

> Fn + F1 을 누르면 [Samsung Settings]가 바로 실행됩니다.

2. 삼성 외의 노트북은 아래 방법을 따라해보세요. 키보드 🪟+X를 누르고 [전원 옵션]을 클릭한 다음, 설정 창에서 [추가 전원 설정]을 클릭합니다.

3. [설정 변경 → 고급 전원 관리 옵션 설정 변경]을 차례대로 클릭합니다.

4. [전원 단추와 덮개 → 덮개 열기 작업]을 펼쳐서 [배터리 사용], [전원 사용]의 값을 [아무것도 사용 안함]으로 바꾸고 [확인]을 누릅니다.

이외의 상황은 cafe.naver.
com/msooriya/2168을
참조하세요!

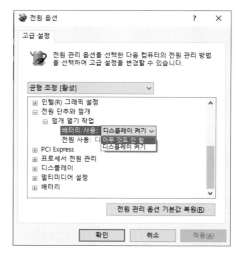

대부분의 노트북은 덮개를 닫았을 때 절전 또는 전원이 종료
되는 경우가 있습니다. 이 또한 사용자 편의 기능으로 덮개가
닫히면 사용을 종료한다는 의도로 보고 자동으로 꺼지는 것
입니다. 하지만 노트북 화면이 작으면 차라리 노트북을 덮고
듀얼 모니터로 보고 싶은 경우가 있는데, 노트북을 덮으면 절
전 또는 종료가 되니 불편하겠죠.

함께 보면 좋은
동영상 강의

1. ⊞+Ⅹ를 누르고 [전원 옵션 → 추가 전원 설정]을 차례대로 클릭한 후 [덮개를
닫으면 수행되는 작업 선택]을 클릭합니다.

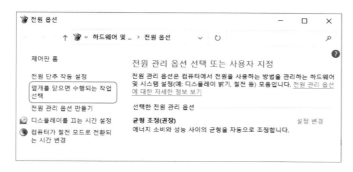

2. [덮개를 닫을 때]의 [배터리 사용]과 [전원 사용]을 모두 [아무 것도 안 함]으로
선택하고 [변경 내용 저장]을 누릅니다. 이제 노트북 덮개를 닫고 확인해 보세요.

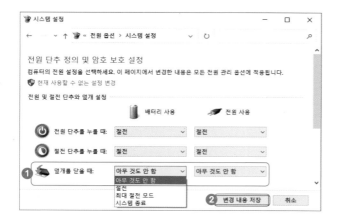

둘째마당

내 PC 관리를 위한
윈도우 최적화 & 꿀팁

윈도우 화면 캡처하기

모니터 2대 연결하기

인터넷 브라우저 설정하기

컴퓨터 활용 능력은 모든 업무의 기초이기 때문에, 워드나 엑셀 등의 오피스 프로그램을 잘 다루는 사람은 많을 것입니다. 더 나아가 윈도우 자체의 필수적인 기능과 꿀팁까지 능숙하게 다룰 수 있다면 업무 효율을 더 높일 수 있습니다. 하나씩 따라 해보고 여러분의 능력으로 만들어 보세요!

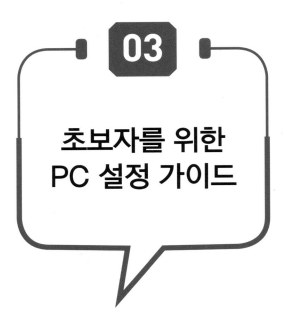

초보자를 위한
PC 설정 가이드

컴퓨터를 처음 구매했거나, 회사에서 내 컴퓨터를 처음 받았을 때 무엇을 먼저 하시나요? 아마 대부분은 무엇을 연결하고 설정하는 일을 많이 할 겁니다. 그래서 이번 장에서는 초보자들을 위한 PC 설정 방법을 설명합니다.

인터넷을 연결하고, 듀얼 모니터를 설정하고, 아주 간단한 PC 설정 방법을 알려드릴게요. 이번 장에서 다루는 방법을 잘 알아 둔다면 다른 사람에게 도움을 구하지 않을 수도 있고, 또 나와 같은 문제를 겪는 사람들을 도와줄 수 있을 거예요!

03-1 인터넷 연결하기

요즘에는 아무리 컴퓨터 사양이 좋아도 인터넷이 없으면 대부분의 업무가 불가능할 것입니다. 기본적으로 회사는 인터넷 회선이 계약되어 있어, 사용자가 인터넷 접속만 시도하면 연결됩니다. 인터넷은 크게 랜선(유선)과 와이파이(무선)로 연결할 수 있는데, 각각의 장단점과 IP 주소를 입력하는 방법까지 소개하겠습니다.

랜선을 사용할 수 환경이라면, 와이파이보다는 랜선 사용을 권장합니다.

이렇게 해결할 거예요!
이미 확인해 보았다면 체크 표시 후 넘어가세요!

1. 랜선, 와이파이의 장단점 및 권장 사항 이해하기 ☑

2. 컴퓨터 랜선 연결하기 ☐

3. 노트북 와이파이 연결하기 ☐

4. 컴퓨터에 IP 주소 입력하기 ☐

🔧 랜선과 와이파이의 장단점이 뭐에요?

간단히 표로 정리했습니다. 요약하면 보통 랜선을 더 권장하지만 이동이 많다면 와이파이가 좋습니다.

구 분	장점	단점	권장 상황
랜선	와이파이에 비해 안정적이고 빠름	랜선을 꽂지 못하는 환경이 있음. 벽, 바닥 포트가 없을 때 선 때문에 지저분해질 수 있음	이동이 적은 데스크톱에 적합
와이파이	랜선이 없어 휴대, 이동이 편함	랜선보다 느리거나 가끔 끊기는 경우가 있음	출장 업무 등에 적합. 랜선을 꽂지 못할 때 사용

하면 된다! 〉 컴퓨터 랜선 연결하기

난이도 ★☆☆

1. 랜선의 외형은 다음과 같으며 랜 케이블 또는 UTP 케이블이라 합니다.

함께 보면 좋은
동영상 **강의**

2. 이 랜선의 한쪽 끝을 PC의 랜 포트에 꽂습니다.

3. 나머지 한쪽 끝은 공유기 또는 허브에 꽂습니다.

4. PC와 연결되는 랜선을 유무선 공유기에 꽂을 때는 하위 포트에 꽂아야 합니다.

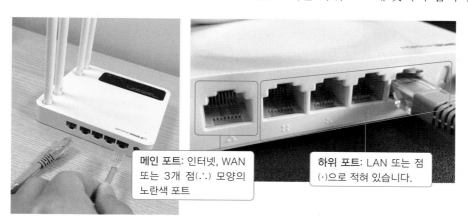

메인 포트: 인터넷, WAN 또는 3개 점(∴) 모양의 노란색 포트

하위 포트: LAN 또는 점 (·)으로 적혀 있습니다.

5. 유선 허브에 꽂을 때는 메인 포트와 하위 포트 구분 없이 꽂아도 되지만, 향후 식별을 위해 1번 포트를 메인 포트로 사용하는 게 좋습니다.

6. 공유기 또는 허브와 PC를 랜선으로 연결하면 대부분 인터넷 사용이 가능하며, 작업 표시줄 오른쪽 하단에 🖥 아이콘이 생깁니다.

하면 된다! 〉 노트북 와이파이 연결하기

난이도 ★☆☆

1. 이번에는 노트북 와이파이 연결 방법을 알아보겠습니다. 인터넷이 연결되어 있지 않다면 작업 표시줄 오른쪽 하단에 🌐 아이콘을 클릭합니다.

함께 보면 좋은 동영상 강의

2. 내 PC 주변의 와이파이 목록이 나타납니다. 연결 가능한 와이파이에 대해 [연결]을 누르고 암호를 입력하여 접속합니다. 이때 [자동으로 연결]에 확인해야 PC를 재부팅해도 자동으로 연결돼서 편합니다.

와이파이 아이디의 정확한 명칭은 SSID(service set identifier)라고 합니다.

3. 와이파이 연결이 완료되면 [연결됨]이라고 표시되며 🌐 아이콘이 📶으로 변합
니다. 하지만 와이파이도 보안 레벨이 높은 회사는 IP까지 입력해야 할 수 있으니,
168쪽을 참고하세요.

하면 된다! ▸ 데스크톱 와이파이 연결하기   난이도 ★☆☆

'데스크톱에서 와이파이가 돼? 랜선만 되는 거 아니야?'라고
생각할 수 있는데 USB 무선 랜 카드만 꽂으면 노트북처럼 와
이파이를 사용할 수 있습니다. 이 경우는 벽면에 랜 포트가
없거나 너무 멀리 있는 경우에 유용합니다. 랜선이 너무 길어
지면 파손 위험이 있을 수 있고 지저분해 보일 수 있기 때문
이죠. 설치 방법은 매우 간단한데 USB를 PC에 꽂고 구매 시
동봉된 CD로 드라이버를 설치하고 노트북 와이파이처럼 연
결하면 됩니다.

함께 보면 좋은
동영상 강의

길게 연결할 수 있는 크래들을 사용하여
조금이라도 무선 공유기에 가깝게 배치
해야 최적의 성능을 낼 수 있습니다.

하면 된다! 〉 컴퓨터에 IP 주소 입력하기

난이도 ★★☆

이번에는 IP 주소를 입력하는 방법을 알아보겠습니다. IP 주소란 우리집의 주소처럼 인터넷에서 적용되는 내 PC의 통신 주소를 뜻합니다. 보통 4칸의 3자리 숫자로 구성되어 있습니다(예시: 192.168.100.150). 보통은 IP 주소를 입력하지 않고 랜선이나 와이파이만 연결해도 자동으로 인터넷이 되지만, 보안 수준이 높은 회사에서는 IT 담당자로부터 할당받은 IP 주소까지 입력해야 인터넷이 가능합니다.

함께 보면 좋은
동영상 강의

최초 입력은 IT 담당자가 도와줄 수 있지만, 출장 등으로 IP 주소를 매번 변경할 때마다 도움을 요청하기는 어려울 수 있습니다. 직장인이라면 IP 주소 입력, 변경 방법까지는 알고 있어야 업무가 원활해집니다.

1. 윈도우에서 [시작 → 설정 → 네트워크 및 인터넷]을 선택합니다.

2. [어댑터 옵션 변경]을 클릭합니다.

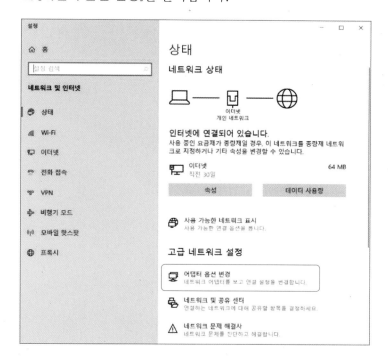

3. 와이파이, 랜선 사용 여부에 따라 [WI-FI] 또는 [이더넷] 아이콘에서 [마우스 오른쪽 클릭 → 속성]을 누릅니다.

와이파이 사용 시

랜선 사용 시

4. [인터넷 프로토콜 버전 4(TCP/IPv4)]를 선택하고 [속성]을 클릭합니다. 여기부터는 와이파이, 랜선 구분 없이 방법이 동일합니다.

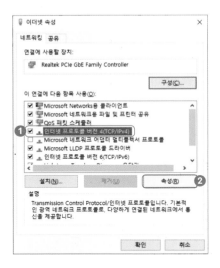

5. 보통은 다음과 같이 선택되어 있는데 [다음 IP 주소 사용], [다음 DNS 서버 주소 사용]을 선택하고 IT 담당자로부터 할당받은 IP 주소를 입력하고 [확인]을 눌러 완료합니다.

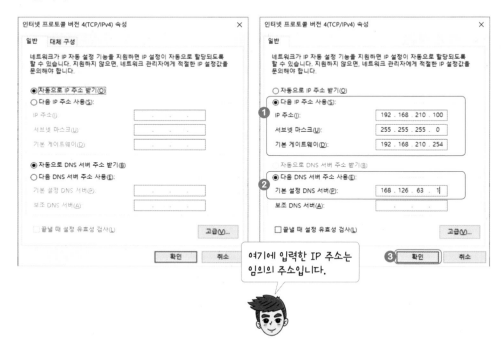

03-2 모니터 2대 연결하기

업무를 하다 보면 여러 창을 번갈아 띄우느라 답답했던 경험
이 있을 겁니다. 예를 들어 PPT 발표 자료를 만드는데 엑셀
데이터도 봐야 하고 인터넷 검색도 필요한데 모니터가 1개라
면 다소 불편하고 효율이 떨어질 수 있습니다. 그래서 회사에
서는 모니터를 2개(듀얼 모니터) 사용하는 경우가 많고, 경우에
따라 3개 이상 연결하기도 합니다. 모니터를 추가 연결하는
방법은 매우 간단하지만, 기초 지식이 필요한 부분과 알아 두
면 유용한 팁도 있으니 가볍게 따라 해보세요.

함께 보면 좋은
동영상 **강의**

이렇게 해결할 거예요!
이미 확인해 보았다면 체크 표시 후 넘어가세요!

1. 모니터 케이블 연결하기 ☑

2. 모니터 좌우 변경 및 메인 화면 설정하기 ☐

하면 된다! ▶ 모니터 케이블 연결하기   난이도 ★☆☆

업무용 PC는 대부분 외장 그래픽을 사용하며 여러 개의 포트가 1개씩 있을 것입니
다. 이때 듀얼 모니터를 사용하려면 포트가 1개씩이라서 서로 다른 케이블을 사용
해야 합니다. 하지만 RGB(아날로그) 케이블은 화질이 제일 낮아 DVI, HDMI 케이블
사용을 추천합니다. DP 포트를 사용해도 좋지만 일반 업무용 PC에는 없는 경우가
많습니다. 케이블을 꽂을 때는 모두 외장 그래픽에 꽂아 주세요.

| RGB(아날로그) | DVI(디지털) | HDMI | DP(display port) |

Q **외장 그래픽과 내장 그래픽을 어떻게 구분하나요?**

외장 그래픽은 메인보드에서 탈부착이 가능하며, 겉으로 봐도 별도의 브라켓처럼 구분되어 식별할 수 있습니다.

외장 그래픽: 메인보드에
탈부착 가능

내장 그래픽: 메인보드와 일체형

하면 된다!♪ 윈도우 설정으로 모니터 좌우 변경하기   난이도 ★☆☆

듀얼 모니터가 전부 정상으로 출력되어도 불편한 경우가 있습니다. 마우스 포인터가 가운데로 넘어가지 않고 화면 양 끝으로만 이동되는 상황이 있습니다.

함께 보면 좋은
동영상 **강의**

마우스 커서가 가운데로 넘어가지
않고 양 끝으로만 이동되는 상황

이럴 때는 바탕화면에서 [마우스 오른쪽 클릭 → 디스플레이 설정]을 선택합니다. 디스플레이 상자를 옆으로 드래그하여 좌우 위치를 바꾸고 [적용]을 눌러 확인해 보세요.

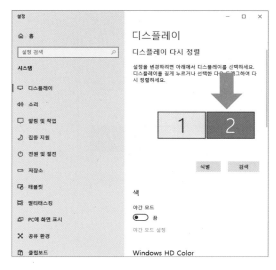

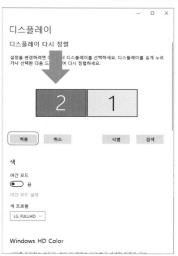

하지만 여전히 불편할 수 있습니다. 예를 들어 왼쪽이 메인 화면이면 좋겠는데, 오른쪽이 메인 화면인 경우가 있습니다. 초보자는 모니터를 직접 들어서 위치를 서로 바꾸기도 하지만, 윈도우 설정으로 간단히 해결할 수 있습니다.

① 메인   ② 보조

메인 화면이란, 바탕화면 아이콘 배치부터 각종 프로그램을 실행할 때 먼저 띄워지는 화면입니다.

바탕 화면에서 [마우스 오른쪽 클릭 → 디스플레이 설정]을 선택하고 [식별]을 눌러 어떤 모니터가 1, 2번인지 확인합니다.

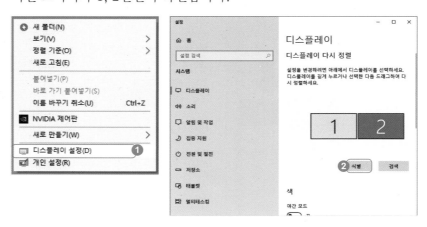

원하는 디스플레이 상자를 선택하고, 설정 창의 스크롤을 내려 [이 디스플레이를 주 모니터로 만들기]를 선택하면 됩니다.

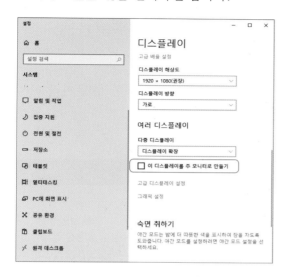

두 모니터에 같은 화면을 띄우거나, 한쪽을 잠시 끄는 단축키가 있을까요?

⊞+P를 눌러 키보드 방향키로 4가지 모드를 한 번씩 선택하면 금방 이해할 수 있습니다.

03-3 한 번만 해놓으면 편리한 설정

이번에는 간단하면서도 유용한 3가지 기능을 소개하겠습니다. 한 번만 따라 해서 설정하면 반영구적으로 편하게 사용할 수 있습니다.

하면 된다! 바탕화면에 특정 사이트 바로 가기 만들기   난이도 ★☆☆

자주 접속하는 홈페이지는 즐겨찾기(북마크)에 추가해서 빠르게 접속할 수 있지만, 인터넷 브라우저를 실행하고 즐겨찾기를 클릭해야 하므로 다소 번거롭습니다. 정말 자주 사용하는 홈페이지는 바탕화면에 바로 가기 아이콘으로 만들어, PC를 부팅하자마자 편하게 접속할 수 있습니다.

함께 보면 좋은 동영상 강의

1. 여러분이 원하는 사이트의 주소를 복사하세요. 해당 홈페이지 접속하고 인터넷 주소 창의 주소를 전체 선택(Ctrl+A)한 다음 복사(Ctrl+C)하세요.

2. 바탕화면의 빈 공간에서 [마우스 오른쪽 클릭 → 새로 만들기 → 바로 가기]를 누릅니다.

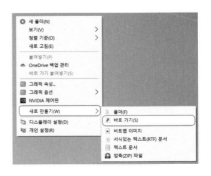

3. 다음 화면이 나타나면 [항목 위치 입력]에서 방금 복사한 사이트 주소를 붙여 넣고(Ctrl+V) [다음]을 누릅니다. 바로 가기의 이름을 입력하고 [마침]을 눌러 바탕화면에 바로 가기 아이콘을 만들 수 있습니다.

하면 된다! 인터넷 브라우저 시작 페이지 변경하기(크롬)　　　난이도 ★☆☆

인터넷 브라우저를 실행했을 때 나타나는 첫 화면을 네이버나 구글 등 내가 원하는 홈페이지로 설정하고 싶은 경우가 있습니다. 대표적인 브라우저인 마이크로소프트 엣지와 구글 크롬의 설정 방법을 소개하겠습니다.

> 함께 보면 좋은
> 동영상 **강의**

1. 구글 크롬에서 시작 페이지 추가하기

원하는 사이트에 접속한 상태에서 인터넷 주소 창을 클릭해 모두 복사하고(Ctrl+A 후 Ctrl+C) 오른쪽 상단의 ⋮을 눌러 [설정]을 클릭합니다.

2. 설정 화면의 스크롤을 아래로 내려서 [시작 그룹 → 특정 페이지 또는 페이지 모음 열기 → 새 페이지 추가]를 누르고 방금 복사한 사이트를 붙여 넣고 [추가]를 누릅니다.

3. 다른 탭에 다른 사이트도 동시에 열고 싶다면 [새 페이지 추가]를 눌러 추가 등록하면 되고, 사이트 주소를 수정하거나 삭제하려면 ⋮을 클릭해 제어합니다.

하면 된다!▶ 인터넷 브라우저 시작 페이지 변경하기(엣지)　　난이도 ★☆☆

1. 마이크로소프트 엣지에서 시작 페이지 추가하기

이번에는 마이크로소프트 엣지에서 원하는 사이트를 복사하고 오른쪽 상단의 •••을 눌러 [설정]을 클릭합니다.

함께 보면 좋은
동영상 **강의**

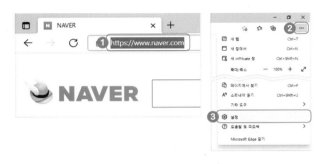

2. 왼쪽 메뉴의 [시작, 홈 및 새 탭 → 다음 페이지를 열 수 있습니다 → 새 페이지 추가]
를 차례대로 클릭한 뒤 방금 복사한 사이트를 붙여 넣고 [추가]를 눌러 완료합니다.

3. 다른 탭에 다른 사이트도 동시에 열고 싶다면 [새 페이지 추가]를 눌러 추가 등록
하면 되고, 사이트 주소를 수정하거나 삭제하려면 ⋯을 클릭해 제어합니다.

하면 된다!▶ 바탕화면에 포스트잇 만들기   난이도 ★☆☆

업무를 하다가 포스트잇을 모니터에 붙여 봤던 경험, 한 번쯤은 있을 겁니다. 포스
트잇 대신 윈도우의 스티커 메모를 사용하면 깔끔하고 효율적으로 메모를 남길 수
있습니다.

1. 윈도우에서 [시작 → 스티커 메모]를 검색하고 실행
합니다.

2. 스티커 메모가 실행되면 왼쪽 상단의 ⊞를 클릭해 메모지를 만듭니다.

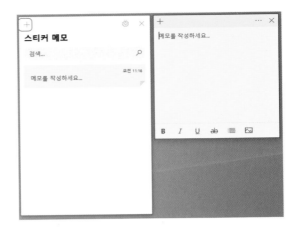

3. 스티커 메모의 기능과 팁을 응용하여 편리하게 사용해 보세요. 필요에 따라 ✕를 눌러 닫았다가 [노트 목록]에서 다시 불러올 수 있습니다.

4. 작업 표시줄의 [스티커 메모] 그룹에서 [마우스 오른쪽 클릭 → 모든 메모 표시 / 모든 메모 숨기기]로 한 번에 정리해 보세요.

04

칼퇴를 부르는
PC 꿀팁

컴퓨터로 매일 업무를 진행하고 있다면 기초는 충분하다고 볼 수 있습니다. 하지만 남들은 2시간 걸리는 일을 1시간 만에 끝낼 수 있다면, 복잡한 작업을 단순한 방법으로 끝낼 수 있다면, 컴퓨터를 더욱 효율적으로 활용한다면 여러분의 시간과 에너지를 아낄 수 있습니다. 차근차근 따라 하면서 여러분의 업무 성과를 끌어올려 보세요!

04-1 윈도우 화면 캡처하기

업무를 하다 보면 어떤 화면을 캡처해서 문서로 작성해야 하는 경우가 있습니다. 캡처 방법을 모르는 사람은 거의 없겠지만, 여러 방법을 전부 알면 업무 효율을 좀 더 높일 수 있습니다.

하면 된다! Prt Scr 으로 캡처하기   난이도 ★☆☆

가장 전통적인 방법으로, 키보드의 Prt Scr 을 눌러 현재 화면 전체를 복사하고 그림판이나 워드 등에서 붙여 넣는 방식입니다. 하지만 화면 전체가 복사되기 때문에 이미지를 편집해야 하는 번거로움이 있습니다.

함께 보면 좋은
동영상 강의

1. 원하는 화면을 띄운 상태에서 키보드에서 Prt Scr 을 누릅니다.

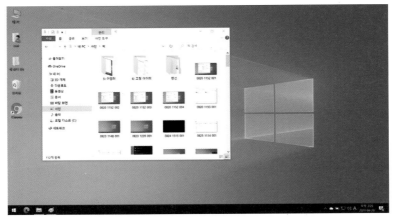

2. 그림판을 실행한 후 Ctrl+V를 눌러 이미지를 붙여 넣고 필요한 부분만 잘라 편집합니다.

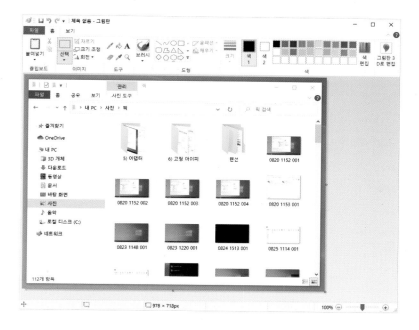

3. 오피스 프로그램으로 바로 삽입하여 편집할 수도 있지만, 원본 용량이 줄어들지 않고 문서 처리 속도가 점점 느려지므로, 그림판에서 필요한 부분만 잘라 삽입하는 게 좋습니다.

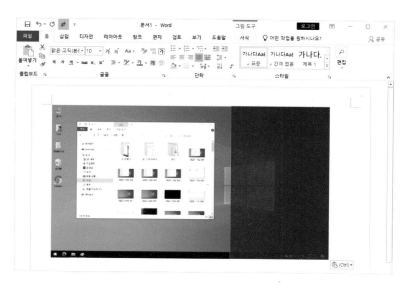

윈도우 탐색기나 문서, 브라우저 화면 등 특정한 창의 화면만 캡처하고 싶다면, 해당 창을 선택한 다음 [Alt]+[Prt Scr]을 누르고 원하는 곳에서 [Ctrl]+[V]를 눌러 빠르게 삽입해 보세요.

캡처 도구는 윈도우 7부터 탑재된 자체 기능으로, 사용자가 원하는 영역을 캡처하여 바로 활용할 수 있습니다.

> 함께 보면 좋은
> 동영상 **강의**
>
>

1. 윈도우에서 [시작]을 누르고 [캡처 도구]를 검색해 실행합니다. [새로 만들기]를 클릭합니다.

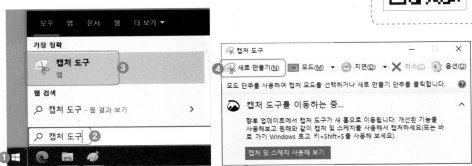

2. 화면에서 원하는 영역을 드래그해서 선택합니다. 그 상태에서 마이크로소프트 워드나 인터넷 등에서 [Ctrl]+[V]를 눌러 바로 붙여 넣을 수 있습니다.

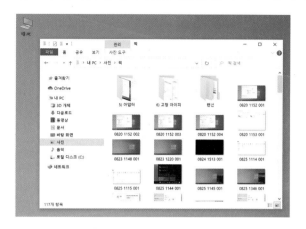

3. 내 컴퓨터 폴더에 저장하고 싶다면 [파일 → 다른 이름으로 저장]을 눌러 원하는 경로에 저장합니다.

이 방법은 그림 파일을 빠르게 저장할 때 유용해요.

4. 캡처한 화면에 간단히 메모도 가능합니다. [펜] 아이콘을 누른 다음 마우스로 글씨를 쓸 수 있고 [▼] 버튼으로 펜 색깔도 선택할 수 있습니다. 오른쪽 [형광 펜]을 눌러 강조할 수도 있고 [지우개]를 눌러 메모를 지울 수 있습니다.

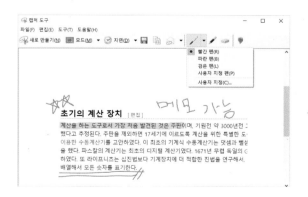

5. 캡처 모드는 3가지가 있는데 다음과 같은 특징이 있습니다.

❶ **자유형 캡처**: 불필요한 영역을 제외하면서 캡처할 때 유용하지만, 테두리가 깔끔하지 못한 단점도 있습니다.

❷ **사각형 캡처**: 기본적인 모드로, 사각형 영역을 드래그하여 캡처합니다.

❸ **창 캡처**: 이 모드를 선택하고 [새로 만들기]를 클릭하면 윈도우 탐색기나 워드, 인터넷 창 등의 영역이 깔끔하게 캡처됩니다.

하면 된다!〉 윈도우 캡처 및 스케치 활용하기 난이도 ★☆☆

1. 윈도우 10부터는 🪟+Shift+S를 누르면 화면을 바로 캡처할 수 있습니다. 단축키를 누르면 화면이 어두워지는데 원하는 영역을 드래그합니다.

함께 보면 좋은 동영상 강의

이 방법은 그림 파일 저장보다는 클립보드로 빠르게 작업할 때 유용해요.

2. 캡처 및 스케치 상태에서도 캡처 도구처럼 [자유형 캡처], [창 캡처], [전체 화면 캡처] 모드가 있는데, 각 기능은 모두 동일합니다.

3. 캡처 화면에 메모를 하고 싶다면 캡처 직후 오른쪽 하단에 나타나는 화면을 클릭해 보세요. 너무 빨리 지나가 클릭하지 못했다면 다시 캡처하지 말고, 오른쪽 구석의 알림 창을 클릭하고 해당 캡처 화면을 클릭해 보세요.

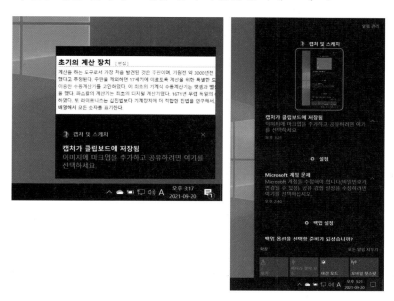

4. 캡처 및 스케치에는 [눈금자] 기능이 추가되어, 밑줄 등을 반듯하게 그을 수도 있습니다. 편집이 끝나면 [복사] 또는 [다른 이름으로 저장]하여 활용하면 되겠습니다.

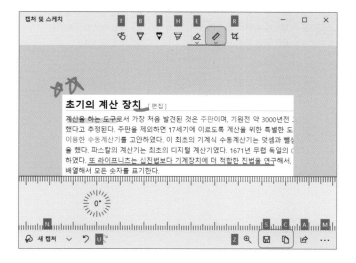

04-2 폴더와 파일 효과적으로 관리하기

윈도우 폴더와 여러 파일을 생성하고 관리하는 것은 학교나 회사 업무에서 가장 기본적인 일입니다. 누구나 할 수 있겠지만, 단축키나 특수 기능들을 활용하면 더욱 편리하게 활용할 수 있으니 하나씩 따라 해보세요.

하면 된다! 각종 폴더와 파일 빠르게 선택하기   난이도 ★☆☆

평소에 마우스로만 폴더와 파일을 선택했다면 간단한 단축키로 매우 빠르고 편하게 작업할 수 있습니다.

① 해당 폴더 안 모든 파일 전체 선택하기: Ctrl + A

② 연속 선택하기: 시작 파일 클릭 → 마지막 파일 Shift + 클릭

③ 1개씩 선택하기: Ctrl + 클릭 → 반복 (같은 방법으로 선택 해제 가능)

컴퓨터 단축키에 익숙하지 않다면 보통 마우스 오른쪽 버튼
을 클릭하고 다음과 같은 방법으로 새 폴더를 만들고 폴더명
과 파일명을 수정할 것입니다.

> 함께 보면 좋은
> 동영상 **강의**

하지만 아래의 키보드 단축키로 아주
편하고 빠르게 작업할 수 있습니다.

- 새 폴더 생성하기: `Ctrl`+`Shift`+`N`
- 폴더, 파일명 수정하기: 폴더, 파일 클릭하고 `F2`

Q **여러 개의 파일명을 한 번에 수정할 수는 없을까요?**

예를 들어 여러 사진의 파일명을 '가족 사진'으로 일괄 변경하고 싶다면 원하는 사진을
모두 선택하고 `F2`를 눌러 파일 하나의 이름을 변경한 뒤 `Enter`를 누르면 다음과 같이
해당 파일명에 숫자가 붙어 정렬됩니다.

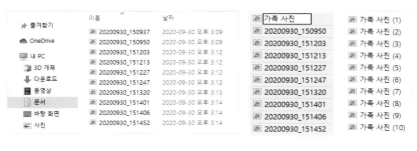

조금 더 쉽고 다양하게 변경할 수는 없을까요?

BatchNamer라는 무료 프로그램을 이용해 보세요. [파일 → 파일 추가하기]로 해당 파일을 불러오고 앞에 텍스트 추가, 특정 문자열 교체, 번호 추가, 확장자 변경 등을 일괄적으로 적용할 수 있습니다.

＊ BatchNamer 다운로드:
  cafe.naver.com/msooriya/1948

함께 보면 좋은
동영상 강의

하면 된다! ▶ 자주 쓰는 폴더를 즐겨찾기에 등록하기   난이도 ★☆☆

많은 폴더를 체계적으로 정리해 놓아도 자주 찾는 폴더를 직접 찾아 실행하는 것보다 윈도우 탐색기 왼쪽의 [즐겨찾기]에 등록하는 게 훨씬 빠를 수 있습니다.

1. 윈도우 탐색기 왼쪽 상단의 [즐겨찾기]에 마우스 커서를 올리고 왼쪽의 ▷ 아이콘을 눌러 아래로 펼쳐 줍니다. 같은 방법으로 다시 접을 수 있습니다.

2. [즐겨찾기]에 등록할 폴더에 [마우스 오른쪽 클릭 → 즐겨찾기에 고정]을 선택합니다.

3. [즐겨찾기]에 등록한 폴더를 다시 해제하려면 해당 폴더에서 [마우스 오른쪽 클릭 → 즐겨찾기에서 제거]를 누릅니다.

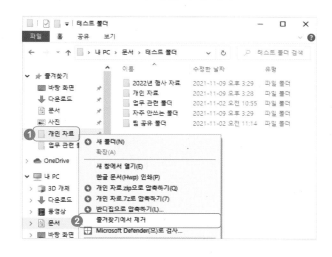

하면 된다!► 파일 종류별로 빠르게 정렬하고 구분하기   난이도 ★☆☆

뒤죽박죽 섞여 있는 파일 속에서 원하는 것을 찾기 위해서 검색 기능을 사용할 수도 있지만, 오히려 시간이 더 걸릴 수도 있고 파일명을 모른다면 난감하기 마련입니다. 이럴 때 정렬 및 보기 기능을 이용해 파일을 쉽게 구분할 수 있습니다. 기본적으로 이름, 수정한 날짜, 유형(확장자), 크기(용량)를 기준으로 오름차순이나 내림차순으로 정렬할 수 있습니다.

1. 정석적인 방법은 해당 폴더에 들어가 빈 공간에서 [마우스 오른쪽 클릭 → 정렬 기준]을 선택하는 것입니다. 이보다는 탐색기 상단의 정렬 탭(이름, 수정한 날짜, 유형, 크기)를 누르는 게 훨씬 간단합니다. 클릭할 때마다 오름차순과 내림차순으로 변경됩니다.

2. 이번에는 파일 정렬이 아닌 아이콘 스타일로 구분할 수 있습니다. 해당 폴더에 들어가 빈 공간에서 [마우스 오른쪽 클릭 → 보기]에서 원하는 스타일을 선택해 보세요.

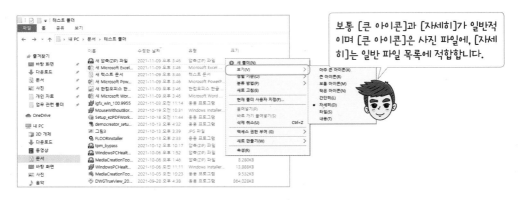

보통 [큰 아이콘]과 [자세히]가 일반적이며 [큰 아이콘]은 사진 파일에, [자세히]는 일반 파일 목록에 적합합니다.

3. 사진이 많을 때 [아주 큰 아이콘]으로 한눈에 쉽게 확인할 수 있으며 [Ctrl]을 누른 상태에서 마우스 휠 버튼을 굴리면 확대하거나 축소할 수 있습니다.

윈도우 10에서 [다운로드] 폴더는 다른 탐색기와 달리 불편하게 느껴질 수 있습니다. 다음과 같이 [오늘], [어제], [지난 주], [지난 달] 등의 날짜 그룹이 있기 때문입니다. 다른 폴더처럼 이 날짜 그룹을 제거하는 방법은 아주 간단합니다.

1. 해당 폴더에 들어가 빈 공간에서 [마우스 오른쪽 클릭 → 분류 방법 → 없음]을 선택하면 날짜 그룹이 사라집니다.

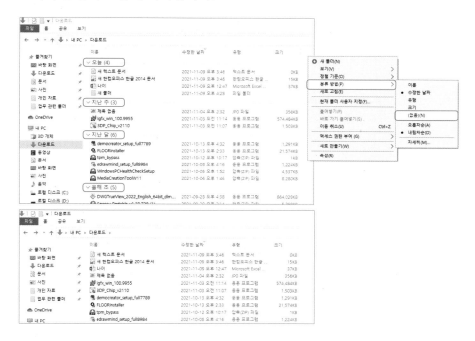

2. 날짜 그룹을 다시 설정하려면 폴더의 빈 공간에서 [마우스 오른쪽 클릭 → 분류 방법 → 수정한 날짜]를 선택하면 되고 [이름], [유형], [크기] 그룹을 선택하여 다음과 같이 분류할 수도 있습니다.

하면 된다!▶ 사진 파일을 실행하지 않고 미리보기   난이도 ★☆☆

앞에서 [보기 → 큰 아이콘]으로 여러 사진을 한눈에 확인할 수 있다고 소개했는데
요. 아이콘 크기를 아무리 확대해도, 사진이 작아 보일 수 있습니다. 이때 윈도우 탐
색기 오른쪽에 사진 미리보기 영역을 만들면 더욱 크게 확대할 수 있습니다.

1. Alt+P를 눌러 사진 미리보기 영역을 만듭니다.

2. 가운데 구분선을 좌우로 드래그하여 미리보기 영역을 더 확대하거나 축소할 수
있습니다.

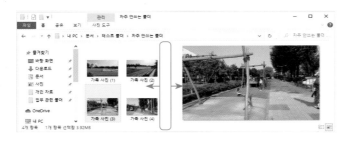

하면 된다!▶ 사진 파일을 더 빠르게 확인하기   난이도 ★☆☆

경우에 따라서 사진 뷰어를 통해 사진 파일을 직접 실행하여 전체 화면으로 확인해
야 할 수도 있습니다. 하지만 사진이 많을 때 윈도우 10 사진 뷰어가 윈도우 7보다
실행이 느리고 확대, 축소, 이동 단축키가 불편한 경우가 있습니다. 또 윈도우 10
사진 뷰어는 크기를 줄여도 여백이 많은 단점도 있고요. 이럴 때 기본 사진 뷰어를
윈도우 7로 다운그레이드하면 더욱 수월하게 사용할 수 있습니다.

윈도우 10 사진 뷰어(왼쪽)와 윈도우 7 사진 뷰어(오른쪽)

1. 윈도우 7 사진 뷰어는 윈도우 10 레지스트리에 값을 추가하여 사용할 수 있는데, 다음 파일을 내려받아 실행하면 됩니다.

> * **윈도우 7 사진 뷰어 다운로드:** cafe.naver.com/msooriya/453

2. 다음과 같은 경고 창이 뜨면 [실행]을 눌러 진행합니다. 일반적인 공식 프로그램은 디지털 서명으로 신뢰성을 확보하지만, 레지스트리에 값을 추가하는 과정을 간단히 만든 명령 프로그램에는 디지털 서명이 없기에 경고 창이 나타납니다.

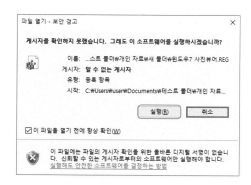

3. 사진 파일에서 [마우스 오른쪽 클릭 → 연결 프로그램 → 다른 앱 선택 → Windows 사진 뷰어]를 선택하고 [항상 이 앱을 사용하여 .jpg 파일 열기]에 체크한 뒤 [확인]을 누릅니다.

다음의 예시에서는 jpg 파일로 진행했으나 png, bmp 등 확장명이 다른 파일도 한 번씩 더 변경해 주어야 합니다.

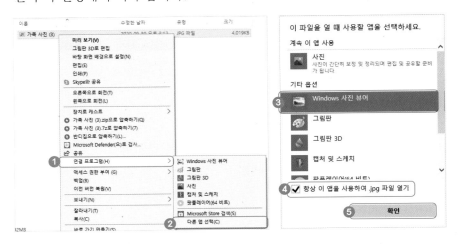

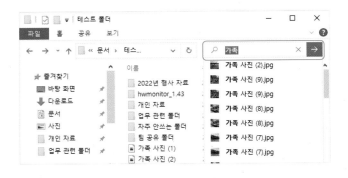

하면 된다! 폴더와 파일 빠르게 검색하기   난이도 ★☆☆

일반적으로 윈도우에서 특정 폴더나 파일을 검색하는 방법은 2가지가 있지만, 파일이 너무 많거나 드라이브 용량이 꽉 차면 검색 속도가 오래 걸릴 수 있습니다. 이때 Everything이라는 무료 프로그램을 사용하면 훨씬 빠르게 검색할 수 있습니다.

1. 윈도우 탐색기에서 검색하기

윈도우 탐색기 오른쪽 상단의 검색 창에 파일 및 폴더명을 입력하여 검색할 수 있습니다.

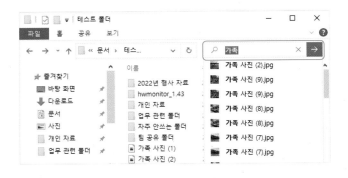

2. 윈도우 작업 표시줄에서 검색하기

윈도우 작업 표시줄 왼쪽의 🔍 아이콘을 눌러 파일명을 검색할 수 있습니다. 윈도우 버전에 따라 검색 창이 별도로 있을 수 있습니다. 혹은 [시작]을 클릭하거나 ⊞를 누르고 파일명을 입력해도 동일하게 검색됩니다.

3. Everything 프로그램 사용하기

가정용 PC는 앞의 방법으로 충분하겠지만 업무용 PC는 파일이 많아 Everything으로 검색하는 게 더욱 빠를 수 있습니다. 자세한 실습 방법은 실습 영상을 참조하세요.

함께 보면 좋은
동영상 강의

> * Everything 다운로드: cafe.naver.com/msooriya/1183

04-3 직관적인 윈도우 작업 표시줄 설정하기

컴퓨터를 새로 구매했거나 윈도우 10을 설치하면 작업 표시줄이 다음과 같은 모습일 것입니다. 그런데 사용하지 않는 아이콘이나 크기, 간격 때문에 작업 표시줄의 공간이 좁아지고 열린 프로그램을 확인하는 과정이 복잡합니다. 이번에는 작업 표시줄을 정리해 보겠습니다.

작업을 더 편하고 효율적으로 할 수 있으니 꼭 사용해 보세요.

하면 된다!▶ 작업 표시줄 간소화하기
난이도 ★☆☆

1. 검색 창 제거하기

작업 표시줄의 왼쪽에는 각종 앱, 파일 등을 검색할 수 있는 검색 창이 있는데, 작업 표시줄의 공간을 너무 많이 점유하고 있습니다. 검색 창에 검색하지 않고 [시작]을 누르고 검색어를 입력해도 동일하게 검색이 되기 때문에, 검색 창은 제거해도 됩니다.

함께 보면 좋은
동영상 강의

이 검색 창은 윈도우 버전에 따라 없거나, 돋보기 아이콘(🔍)만 있을 수 있는데 제거 방법은 동일합니다.

작업 표시줄의 빈 공간에서 [마우스 오른쪽 클릭 → 검색 → 숨김]을 차례대로 클릭하면 검색 창 및 아이콘이 사라집니다.

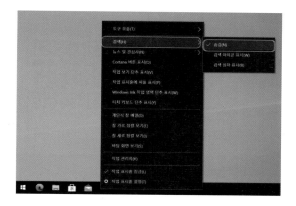

2. 불필요한 아이콘 삭제하기

작업 표시줄 왼쪽에 4개의 아이콘(마이크로소프트 엣지, 탐색기, Microsoft Store, 메일)이 있는데, 여기서 사용 빈도가 낮은 아이콘에 대해 [마우스 오른쪽 클릭 → 작업 표시줄에서 제거]를 클릭하면 삭제됩니다.

함께 보면 좋은
동영상 강의

윈도우 탐색기는 🪟+ⒺⒺ를 누르면 빠르게 실행할 수 있습니다.

3. 작업 표시줄에 즐겨 찾는 앱 등록하기

즐겨 찾는 앱이나 폴더 등이 있다면 마우스로 작업 표시줄 안으로 드래그하여 등록할 수 있습니다. 즐겨찾기 아이콘의 순서를 바꾸고 싶다면 해당 아이콘을 좌우로 드래그하면 됩니다. 여기에 등록된 파일은 단축키 🪟+①~⓪을 눌러서 빠르게 실행할 수 있습니다.

4. 그룹 설정 해제하기

기본적으로 인터넷 브라우저나 탐색기, 마이크로소프트 워드
등의 같은 프로그램이 여러 개 실행되면 아이콘 1개에 모두
묶이므로, 해당 아이콘에 마우스를 올려 원하는 창을 선택해
야 합니다. 여러 개의 프로그램이 각각 뜬 것보다 깔끔해 보
일 수는 있지만, 사용하기에는 다소 비효율적일 수 있습니다.
이럴 때 그룹 설정을 해제하면 더욱 직관적으로 화면을 사용
할 수 있습니다.

함께 보면 좋은
동영상 **강의**

5. 작업 표시줄의 빈 공간에서 [마우스 오른쪽 클릭 → 작업 표시줄 설정]을 클릭합
니다.

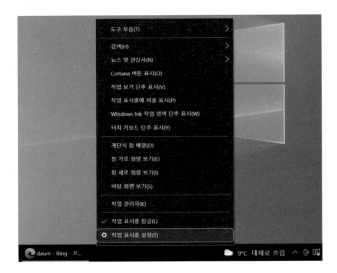

6. 설정 화면 오른쪽의 [작업 표시줄 단추 하나로 표시 → 항상, 레이블 숨기기 → 안 함]으로 변경합니다.

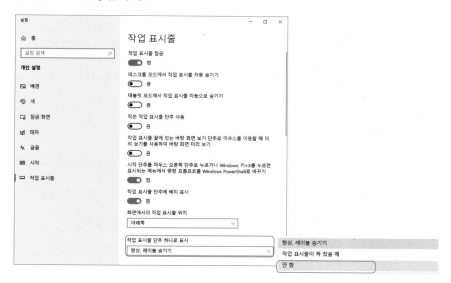

하면 된다!〉 작업 표시줄 세로로 배치하기

난이도 ★☆☆

이제 프로그램들이 개별적으로 실행되어 직관성은 좋아졌지만, 공간이 너무 좁고 열린 창이 많을수록 확인하기가 어렵습니다. 이럴 땐 작업 표시줄을 세로로 배치하면 공간 효율을 극대화할 수 있고, 창 이름도 확실하게 확인할 수 있습니다.

함께 보면 좋은
동영상 **강의**

가로로 배치한 작업 표시줄

세로로 배치한 작업 표시줄

1. 작업 표시줄의 빈 영역에서 [마우스 오른쪽 클릭 → 작업 표시줄 설정]을 누르고 [설정] 창에서 [화면에서의 작업 표시줄 위치 → 오른쪽]으로 변경합니다. 사용자 편의에 따라 [왼쪽]으로 변경해도 좋습니다.

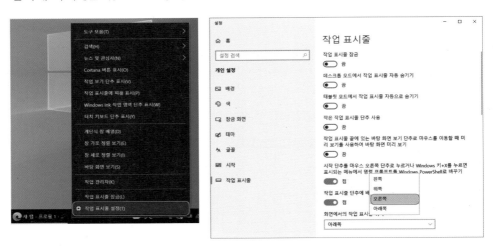

2. 작업 표시줄의 빈 영역에서 [마우스 오른쪽 클릭 → 작업 표시줄 잠금]을 클릭하고 체크 해제한 뒤 작업 표시줄 왼쪽 모서리를 마우스로 드래그하여 너비를 적당히 넓혀 주세요.

3. 작업 표시줄의 앱 사이 세로 간격을 줄이면 더 많은 프로그램을 표시할 수 있습니다. 그러면 무려 21개의 앱을 직관적으로 배치할 수 있으므로, 가로 배치보다 효율성이 높아집니다.

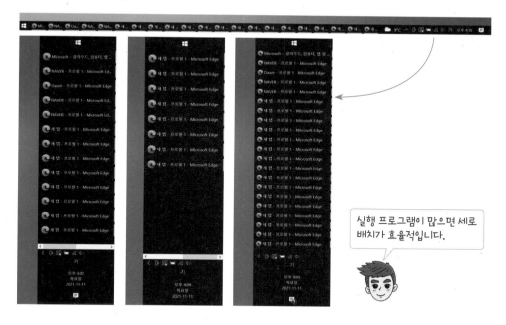

실행 프로그램이 많으면 세로 배치가 효율적입니다.

하면 된다! ⟩ Quick Launch로 즐겨 찾는 앱 등록하기　　　난이도 ★☆☆

앞서 작업 표시줄에 즐겨 찾는 앱을 등록하는 방법을 소개했지만, 아이콘이 작아 보기 어렵고 즐겨찾기로 등록한 앱을 실행하면 새 창을 열기 불편합니다. 예를 들어 마이크로소프트 엣지 브라우저를 즐겨 찾는 앱으로 등록한 후 실행하고, 새 창을 따로 열고 싶다면 바탕화면이나 검색을 통해 열어야 하는 식이죠.

함께 보면 좋은
동영상 **강의**

하지만 오른쪽과 같이 Quick Launch를 이용하면 더욱 편리
하게 즐겨 찾는 앱을 찾을 수 있습니다.

1. 주소 표시줄에서 기존에 남아 있던 즐겨 찾는 앱에 [마우스 오른쪽 클릭 → 작업
표시줄에서 제거]를 선택해 없앱니다.

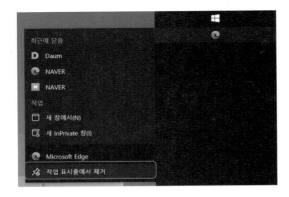

2. 작업 표시줄의 빈 영역에서 [마우스 오른쪽 클릭 → 도구 모음 → 새 도구 모음]
을 클릭합니다.

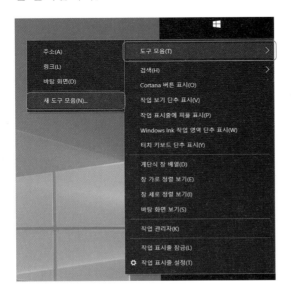

3. 탐색기가 나타나면 폴더 입력 창에 shell:quick launch를 입력하고 [폴더 선택]을 클릭합니다.

4. 작업 표시줄 하단에 Quick Launch 영역이 나타납니다. 이 부분을 [시작] 버튼까지 위로 드래그해서 옮깁니다.

5. 불필요한 앱에서 [마우스 오른쪽 클릭 → 삭제]를 눌러 제거하고 Quick Launch 의 빈 영역에서 [마우스 오른쪽 클릭 → 텍스트 표시/제목 표시]를 각각 클릭해 체크를 해제합니다.

6. 이제 Quick Launch의 영역을 한 줄로 줄여 주세요. 아래의 위치한 구분선을 마우스로 드래그해 최대한 위로 올려 주세요.

7. 즐겨 찾는 앱 아이콘을 Quick Launch 영역으로 드래그해서 등록합니다. 마지막으로 작업 표시줄의 빈 영역에서 [마우스 오른쪽 클릭 → 작업 표시줄 잠금]을 클릭하여 잠금 상태가 되면 Quick Launch의 구분선이 사라지면서 깔끔하게 정리됩니다.

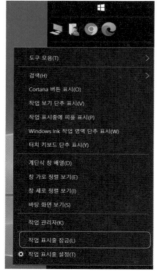

즐겨 찾는 앱 아이콘의 순서는 좌우로 드래그해 변경할 수 있고, 작업 표시줄의 너비도 [작업 표시줄 잠금]을 다시 해제해 조절하면 됩니다.

하면 된다!〉 사용 빈도가 낮은 트레이 아이콘 정리하기   난이도 ★☆☆

입력 표시기와 알림 센터 트레이 아이콘을 제거하여, 3줄 정도의 공간을 더 확보할 수 있습니다.

입력 표시기는 현재 키보드 언어가 [한글](가)인지 [영어](A)인지 표시해 주는 아이콘으로, 클릭하여 변경할 수도 있습니다. 하지만 보통 키보드의 (한/영)으로 변경하고 이 표시를 잘 확인하지 않으므로, 입력 표시기를 제거해서 공간을 더 확보하는 게 좋습니다.

알림 센터는 윈도우의 각종 알림이나 메시지, 최근 캡처를 확인할 수 있는데, 사용 빈도가 낮으므로 제거하는 게 좋습니다. 필요할 때는 단축키 ⊞+A로 빠르게 실행할 수 있습니다.

작업 표시줄의 빈 영역에서 [마우스 오른쪽 클릭 → 작업 표시줄 설정]을 누른 뒤 고 [설정] 창에서 [시스템 아이콘 켜기 또는 끄기]를 누르고 [입력 표시기, 알림 센터]를 [끔]으로 변경합니다.

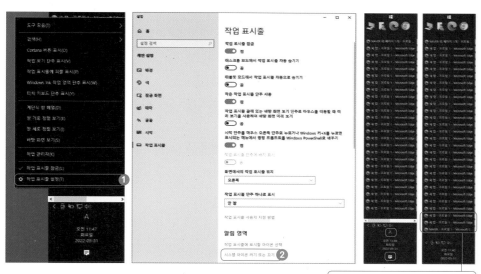

사용 빈도가 낮은 입력 표시기, 알림 센터 아이콘을 제거하여 3줄 더 확보된 모습

04-4 퇴근이 1시간 빨라지는 윈도우 필수 단축키

여러분들은 컴퓨터 단축키를 어디까지 알고 있나요? 전혀 몰라도 컴퓨터를 사용하는 데 문제가 되지 않지만, 단축키를 많이 활용할수록 업무 능률도 올라가고 더욱 편하게 작업할 수 있습니다. 덤으로, 주변 동료나 상사로부터 인정받을 수도 있죠! 윈도우 단축키는 굉장히 많지만, 제가 자주 사용하며 활용 빈도가 높은 핵심 단축키를 정리해 보았으니 하나씩 따라 해보세요.

하면 된다! ♪ 윈도우 화면 및 설정 제어에 유용한 단축키 난이도 ★☆☆

단축키	기능
⊞+↓	현재 창을 이전 크기 또는 최소화하기
⊞+↑	최소화된 창을 크게 또는 전체 화면으로 변경
* ⊞+→	현재 창을 2분할하고 오른쪽에 붙이기
* ⊞+←	현재 창을 2분할하고 왼쪽에 붙이기
⊞+Shift+←/→	(듀얼 모니터 사용 시) 현재 창을 다른 화면으로 이동하기
⊞+D	바탕화면 표시/숨기기(모든 창 최소화)
* ⊞+L	윈도우 잠금 화면으로 전환하기
Prt Scr	현재 전체 화면을 캡처하기
* Alt+Prt Scr	현재 선택된 창만 캡처하기
* ⊞+Shift+S	영역 선택하여 캡처하기
⊞+V	클립보드 열기(복사했던 기록 확인)
⊞+1~0	고정된 앱 실행하기
⊞+Tab	현재 열린 모든 창 및 가상 데스크톱 확인하기 (가상 데스크톱 이동 및 닫기 가능)
⊞+Ctrl+D	가상 데스크톱 추가하기
⊞+Ctrl+F4	현재 열린 가상 데스크톱 닫기

함께 보면 좋은 동영상 강의

어렵다면, 활용 빈도가 높은 * 표시부터 익혀 보세요!

⊞+Ctrl+←/→	다른 가상 데스크톱으로 이동하기
Ctrl+Shift+앱 클릭 Ctrl+Shift+Enter	해당 앱을 관리자 권한으로 실행하기
* Ctrl+Shift+Esc	작업 관리자 열기
⊞+X	빠른 링크 메뉴 열기(장치 관리자 등)
⊞+I	[설정] 창 열기

하면 된다! ▶ 바탕화면과 윈도우 탐색기에서 유용한 단축키   난이도 ★☆☆

* ⊞+E	윈도우 탐색기 열기	함께 보면 좋은 동영상 강의
* Ctrl+N	새 창 열기	
* Ctrl+W	현재 창 닫기	
* Ctrl+Shift+N	새 폴더 생성하기	
* (파일 선택하고) F2	파일명 변경하기	
* Ctrl+파일 클릭(반복)	여러 개의 파일을 1개씩 따로 선택하기	
* (시작 파일 클릭하고) Shift+마지막 파일 클릭	여러 개의 파일을 한 번에 연속으로 선택하기	
(시작 파일 클릭하고) Shift+←/→/↑/↓	방향키 이동하는 만큼 파일 선택하기	
Ctrl+D (또는 Delete)	선택한 항목을 삭제하기(휴지통 이동)	
Shift+Delete	휴지통을 거치지 않고 바로 삭제하기	
* Ctrl+마우스 휠	파일 및 폴더 아이콘의 크기 변경하기	
Alt+P	사진 미리보기 영역(탐색기 오른쪽) 활성화하기	
Ctrl+F (또는 E)	검색 창 선택하기	
Alt+↑	상위 계층 폴더로 한 단계 이동하기	
Alt+←	이전 폴더로 이동하기	
Alt+→	다음 폴더로 이동하기	
* Alt+D	윈도우 탐색기의 주소 창으로 이동하기	
Alt+Enter	파일 속성 열기	
⊞+,	바탕화면 임시 미리보기	

[Ctrl]+[X]	선택한 항목을 잘라내기
[Ctrl]+[C]	선택한 항목을 복사하기
[Ctrl]+[V]	선택한 항목을 붙여 넣기
[Ctrl]+[Z]	최근 작업을 취소하기
[Ctrl]+[Y]	취소한 작업을 다시 실행하기
* [Ctrl]+[A]	문서나 창에 있는 모든 항목을 선택하기
* [Ctrl]+[→]	커서를 다음 단어의 시작 부분으로 이동하기
* [Ctrl]+[←]	커서를 이전 단어의 시작 부분으로 이동하기
[Ctrl]+[↓]	커서를 다음 단락의 시작 부분으로 이동하기
[Ctrl]+[↑]	커서를 이전 단락의 시작 부분으로 이동하기
[Ctrl]+[Home]	커서를 전체 내용의 시작 부분으로 이동하기
[Ctrl]+[End]	커서를 전체 내용의 끝 부분으로 이동하기
[Ctrl]+[Del]	현재 커서에서 다음 단어 앞까지 삭제하기
[Ctrl]+[F]	문서에서 텍스트 검색하기
* [Ctrl]+[F1]	상단 리본 메뉴 표시하기/숨기기
* [Shift]+[←]/[→]	텍스트 블록을 1글자씩 선택하기
[Ctrl]+[Shift]+[←]/[→]	텍스트 블록을 1어절씩 선택하기
[ㅁ]+[한자]	특수문자 입력하기
* [⊞]+[,]	이모지 입력하기

함께 보면 좋은
동영상 강의

> [ㅁ]+[한자]를 누르고 [Tab]을 누르면 모든 특수문자가 펼쳐져 한눈에 확인하고 선택하기 좋습니다.

> 🔧 **단축키가 너무 많은데, 쉽게 익히는 법이 있을까요?**
>
> 일주일에 5~10개씩만 숙달해 보세요! 일단 몰랐던 단축키를 한 번씩 따라 해보고 자신에게 유용하거나 비교적 쉬운 단축키를 먼저 연습해 보세요.

04-5 효과적인 백업 방법

고장이나 악성코드로 인해 모든 파일이 손상되면 막대한 손해가 발생할 수 있습니다. 백업 방식은 PC 환경 및 개인 스타일에 따라 다르겠지만 제 경험과 노하우를 간단히 소개하는 정도로 살펴보겠습니다.

하면 된다! ▶ 외장 하드로 백업하기   난이도 ★☆☆

외장 하드를 이용한 백업은 가장 일반적이고 비용도 저렴하지만, 다음 3가지 주의사항을 철저히 지키지 않으면 매우 위험할 수 있습니다.

> USB는 용량이 적고 고장, 분실 위험이 높으므로 백업할 때는 외장 하드 이상을 추천합니다.

❶ 백업할 때는 반드시 인터넷 연결을 해제합니다. 인터넷을 통해 랜섬웨어 등의 악성코드에 감염되면 외장 하드까지 전부 감염될 수 있기 때문입니다.

❷ 백업이 완료되면 반드시 USB를 뽑습니다.

❸ 2개 이상의 외장 하드로 이중 백업해 둡니다. 악성코드 감염이나 물리적 손상, 분실 등에 철저히 대비해야 합니다.

1. 백업할 파일은 사용자마다 다르겠지만, 보통 [바탕화면], [문서], [다운로드], [D 드라이브] 등에 많이 저장되어 있습니다. 윈도우 탐색기 왼쪽 메뉴에서 쉽게 확인할 수 있습니다.

> [문서]에는 특정 프로그램으로 저장한 데이터들이 폴더 형태로 저장되어 있습니다.

2. 백업 대상을 정하면 외장 하드에 해당 날짜의 폴더를 만들어 모두 복사합니다.

백업 용량이 부족하면 오래
된 폴더는 지워 주세요.

하면 된다!〉 편리한 자동 백업 프로그램 활용하기   난이도 ★☆☆

매번 백업 대상을 찾아 외장 하드로 백업하려면 다소 번거롭고 관리하기에도 비효
율적입니다. 이럴 때 백업 프로그램으로 백업 경로와 시간을 한 번만 설정해 놓으면
아주 편리하고 효과적으로 백업할 수 있습니다. 특히 백업 프로그램에는 중복 제거
기능이 있어, 추가된 데이터만 선별해 백업합니다. 백업 프로그램은 대부분 유료이
며, Acronis, EaseUS Todo Backup, AOMEI Backupper 등이 있습니다. 이 책에
서는 Acronis 캡처 화면을 사용했으며, 사용 방법을 간단히 소개하겠습니다.

1. Acronis 프로그램 설치를 마치고 백업 경로를 설정합니다.

> * **Acronis 구매 경로:** www.acronis.com/ko-kr

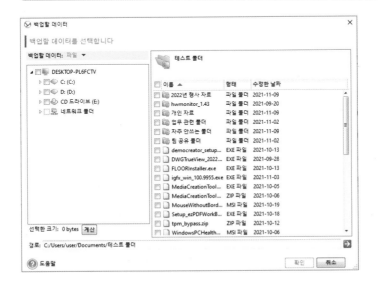

2. 백업 일정 및 시간을 설정하면 자동으로 백업이 진행됩니다.

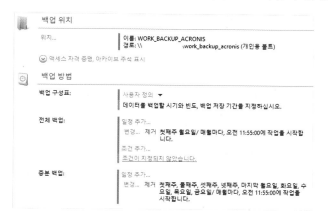

3. [실행 → 전체 백업]을 누르면 백업 일정과 관계없이 즉시 백업이 진행됩니다.

> 외장 하드 백업은 항상 연결해 놓을 수 없으니, 일정 백업보다는 즉시 백업이 더 유용합니다.

하면 된다!〉 NAS 장비를 활용한 효과적인 백업   난이도 ★★★

NAS란 인터넷에 연결된 대형 외장 하드와 비슷합니다. 운영
체제가 설치된 여러 개의 디스크를 랜선으로 연결하여 대용
량 저장장치로 활용할 수 있는데, 여기서는 백업에 중점을 두
겠습니다. NAS는 자체 방화벽과 보안 기능으로 외부 침입을
차단하기 때문에, 랜선을 항상 꽂아 놓아도 됩니다. 디스크도
2개 이상을 사용하여, 1개가 고장 나도 정상 작동하는 RAID
기술이 탑재되어 있으므로, 이중 백업을 따로 하지 않아도 됩

함께 보면 좋은
동영상 강의

니다. 백업 프로그램과 NAS 장비를 함께 사용한다면 백업 편의성과 효율, 안전성
을 극대화할 수 있습니다.

가정용으로는 2베이, 회사에서는 주로 서버 백업용이므로 8베이 이상을 권장합니다.

⚙ Q 그래서 선생님은 어떻게 백업하시나요?

회사 서버는 실시간 백업 등으로 더 철저히 대비하지만, 가정용 PC는 앞서 소개한 3가지 방법을 응용해 백업하고 있습니다.

❶ Acronis 백업 프로그램으로 매일 1번씩 시놀로지(Synology) NAS 2베이에 백업을 받습니다.

❷ 월 1회 NAS에 저장된 백업 파일을 외장 하드에도 복사합니다.

❸ 분기별 1회씩 외장 하드 자료를 두 번째 외장 하드에도 복사합니다.

04-6 실시간 공유 폴더 만들기

여러분들은 파일을 어떻게 공유하나요? 보통 이메일이나 메신저, USB를 많이 사용할 텐데, 회사에서는 파일을 공유할 일이 많기 때문에 이 방법이 매우 불편하고 비효율적입니다. 그 대신에 컴퓨터 1대 또는 클라우드를 이용해 공유 폴더를 만들면 언제든지 파일을 올리고 내려받을 수 있으므로 협업에 많은 도움이 됩니다. 여러분의 근무지에 서버나 공유 폴더가 없다면 직접 구축해 보세요. 효율성은 물론 인사고과에 도움이 될지도 모릅니다!

하면 된다!▶ 컴퓨터 1대로 공유 서버 만들기   난이도 ★☆☆

컴퓨터 1대를 메인 PC로 삼아, 이곳의 특정 폴더를 하위 PC들과 공유해 보겠습니다. 일반 PC가 서버가 되는 형태이므로, 여러분의 업무 PC를 메인 PC로 하지 말고 공용 PC를 따로 준비해서 구축하는 것이 좋습니다.

이때 공유 폴더는 여러 개 운영할 수 있지만, 1개만 생성하고 내부 폴더에서 운영하기를 권장합니다. 하위 PC도 여러 대 운영할 수 있지만 메인 PC의 자원(특히 메모리, 네트워크 등)이 소모되어 느려질 수 있으니 10대 미만을 권장합니다.

함께 보면 좋은
동영상 강의

이 방법은 별도의 클라우드를 사용하는 방법에 비해 컴퓨터 말고는 추가 비용이 들지 않으며, 외부에서 접근하기 어려워 보안에 강한 장점이 있습니다. 다만 악성코드에 대한 내부 감염에 취약하며, 사용자가 많거나 용량이 너무 크면 고장이 잦아 전문 서버가 필요한 점도 고려해야 합니다.

아직 회사에 공유 서버가 없다면, 여러분이 최초로 구축해서 인정받아 보세요!

메인 PC는 필수적으로 로그인 암호를 설정하고, 윈도우 방화벽을 해제해야 합니다. 이 2가지 설정이 안 되어 있다면 윈도우 보안 정책으로 인해 메인 PC로 접속할 수 없습니다.

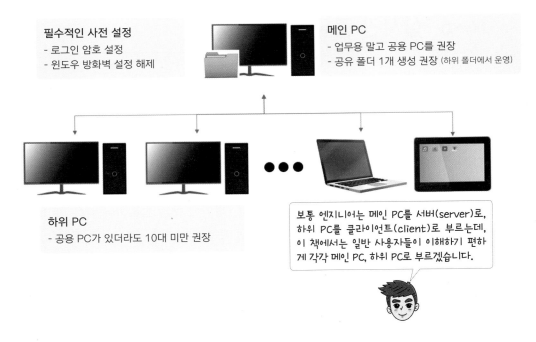

필수적인 사전 설정
- 로그인 암호 설정
- 윈도우 방화벽 설정 해제

메인 PC
- 업무용 말고 공용 PC를 권장
- 공유 폴더 1개 생성 권장 (하위 폴더에서 운영)

하위 PC
- 공용 PC가 있더라도 10대 미만 권장

> 보통 엔지니어는 메인 PC를 서버(server)로, 하위 PC를 클라이언트(client)로 부르는데, 이 책에서는 일반 사용자들이 이해하기 편하게 각각 메인 PC, 하위 PC로 부르겠습니다.

방화벽이란 안전한 인터넷 트래픽만 허용하고 의심되는 트래픽은 차단하여 컴퓨터를 보호하는 윈도우의 보안 기능입니다. 정석적으로는 방화벽을 사용하는 상태에서 네트워크를 공유할 PC의 IP 주소만 따로 허용하는 것이 안전합니다. 하지만 일반 사용자에게는 다소 복잡할 수 있고 로그인 계정 및 IP 주소 등 최소의 보안 장치가 있으므로 큰 문제는 없습니다.

1. 로그인 암호 설정하기

윈도우 작업 표시줄의 [시작 → 설정 → 계정]을 차례대로 누릅니다.

> 이미 비밀번호를 설정했다면 4번 단계로 바로 가세요!

2. [설정] 창에서 [로그인 옵션 → 비밀번호 → 추가]를 클릭합니다.

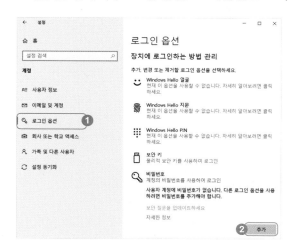

3. [새 암호], [비밀번호 확인]에 같은 암호를 입력하고 [다음]과 [마침]을 누릅니다.

4. 윈도우 방화벽 해제하기

윈도우에서 [시작]을 누르고 [Windows Defender 방화벽]을 검색하고 실행합니다.

5. 왼쪽 메뉴의 [알림 설정 변경]을 클릭하고 [개인 네트워크 설정]과 [공용 네트워크 설정]에 대해 각각 [Windows Defender 방화벽 사용 안 함(권장하지 않음)]에 체크하고 [확인]을 누릅니다.

6. 공유 폴더 설정하기

공유 폴더는 이미 사용하는 폴더를 선택해도 좋고, 새 폴더를 만들어도 됩니다. 해당 폴더에서 [마우스 오른쪽 클릭 → 속성]을 선택합니다. [공유 폴더 속성] 창에서 [공유] 탭을 선택하고 [고급 공유]를 클릭합니다.

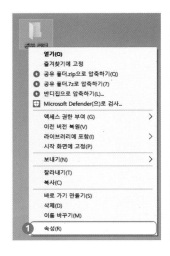
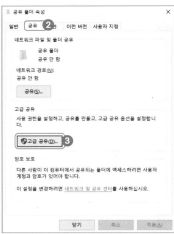

7. [고급 공유] 창에서 [선택한 폴더 공유]에 체크하고 [권한]을 누릅니다.

8. [Everyone]을 선택하고 [모든 권한]의 [허용]에 체크한 뒤 [확인]을 누릅니다. 모든 창을 닫고 PC를 재부팅합니다.

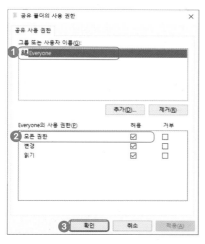

9. 메인 PC의 IP 주소 확인하기

이로써 메인 PC의 공유 폴더 설정은 모두 완료됐지만, 해당 IP 주소를 알아야 하위 PC에서 접속할 수 있습니다. 윈도우에서 [시작]을 누르고 [명령 프롬프트]를 검색하고 실행합니다.

10. 명령 프롬프트에서 ipconfig를 입력한 후 <kbd>Enter</kbd>를 누릅니다. IPv4 주소를 확인합니다. 이때 랜선을 사용하면 [이더넷 어댑터 이더넷]을, 와이파이를 사용하면 [무선 LAN 어댑터 Wi-Fi] 항목을 확인해 보세요.

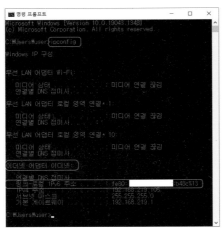

자동 IP보다 고정 IP 주소를 사용해야 안정적입니다. IP 주소 입력 방법은 168쪽을 참고해 보세요.

11. 하위 PC에서 공유 폴더 접속하기

이제부터 하위 PC에서 진행합니다. <kbd>⊞</kbd>+<kbd>R</kbd>을 눌러 [실행] 창을 열고 ₩₩[메인 PC의 IP 주소]를 입력하고 [확인]을 누릅니다.

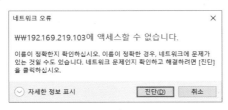

Q 다음과 같이 액세스할 수 없다고 하는데, 어떻게 하나요?

메인 PC의 공유 폴더 설정이 완료되지 않았거나, 윈도우 방화벽을 해제하고 재부팅을 하지 않았거나, IP 주소가 잘못됐거나, 해당 PC들의 인터넷이 불안정한 경우 액세스되지 않을 수 있습니다. 모든 상태를 한 번 더 확인해 보세요.

12. [네트워크 자격 증명 입력] 창에 메인 PC의 로그인 계정을 입력하고 [확인]을 누릅니다. 이때 [내 자격 증명 기억]을 절대 체크하지 마세요!

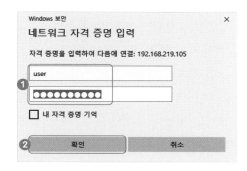

> ⚙ **[내 자격 증명 기억]이 무엇이고, 왜 체크하면 안 되죠?**
>
> 원래는 공유 폴더에 연결된 하위 PC를 재부팅하면 이 로그인 계정을 다시 입력해야 하는데 [내 자격 증명 기억]에 체크하면 PC를 재부팅해도 계정이 계속 유지되므로 다시 입력할 필요가 없습니다. 그러면 더 편하니까 체크하는 게 좋아 보일 수 있지만, 하위 PC가 랜섬웨어에 감염되면 연결된 공유 폴더도 함께 감염될 수 있습니다. 따라서 상시 연결보다는 필요할 때 연결해야 감염 위험을 줄일 수 있습니다.

13. 로그인에 성공하면 메인 PC에서 설정한 [공유 폴더] 아이콘이 보이고, 이 폴더 안에서 각종 파일을 자유롭게 생성, 수정할 수 있으며, 다른 하위 PC에서도 같은 방식으로 접속하여 사용할 수 있습니다.

> TIP 부서나 직급을 기준으로 사용자별로 읽기 및 쓰기 권한을 달리 해서 특정 파일을 보지 못하게 하거나 삭제하지 못하게 막으려면 다음을 참조하세요.
>
> * **공유 폴더 계정 그룹 생성 및 권한 설정하기:** cafe.naver.com/msooriya/168

하면 된다! 〉 클라우드 활용하기

난이도 ★☆☆

앞에서 컴퓨터 1대를 활용하여 공유 서버를 만들어 봤습니다. 하지만 서버를 운영하다 보면 하드웨어, 네트워크, 보안 등의 유지보수가 부담스러울 수 있습니다. 그래서 이런 과정은 전문 기업에서 관리해 주고, 사용자는 특정 사이트나 앱으로 공유할 수 있는 서비스가 등장했는데, 바로 클라우드입니다.

대표적인 클라우드 서비스로는 구글 드라이브, 마이크로소프트 원드라이브, 네이버 마이박스 등이 있으며 삼성, 애플, 한컴 등에서도 제공하고 있습니다. 이번 실습에서는 구글 드라이브를 기준으로 간단히 살펴보겠습니다.

클라우드 방식은 정해진 용량을 초과해서 사용하려면 비용이 발생하며, 외부나 스마트폰에서 접속할 수 있어 편리하지만 한편으로는 보안 문제가 발생할 수 있습니다. 그래서 회사에 따라서는 보안상의 이유로 사내 클라우드 사용을 금지하기도 합니다.

1. 최초 공유 폴더 생성하기

구글 드라이브(drive.google.com/drive/my-drive)에 접속하고 [새로 만들기 → 폴더]를 누릅니다. [공유 폴더]라는 이름을 입력하고 [만들기]를 누릅니다.

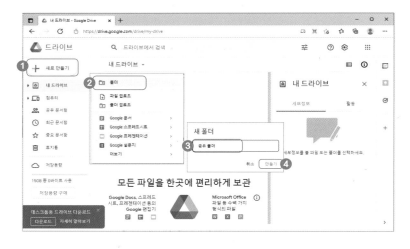

2. 공유하려는 사용자 추가하기

[공유 폴더]에서 [마우스 오른쪽 클릭 → 공유]를 선택합니다.

3. [사용자 및 그룹 추가] 입력 창에 공유할 사용자의 이메일 주소나 그룹을 입력한 뒤 [완료]를 클릭합니다.

4. 공유하려는 사용자 권한 부여하기

사용자 이메일이 추가된 상태에서 오른쪽 [편집자]를 클릭해 필요에 따라 [뷰어], [댓글 작성자], [편집자] 중에서 권한을 부여합니다. [편집자]는 공유 파일을 추가하거나 수정할 수 있는 쓰기 권한을 갖고, [뷰어]는 공유 파일을 내려받거나 실행할 수 있는 읽기 권한을 가집니다.

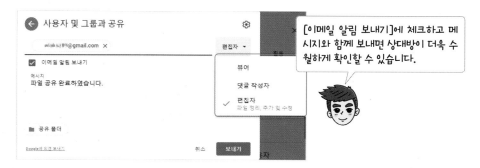

[이메일 알림 보내기]에 체크하고 메시지와 함께 보내면 상대방이 더욱 수월하게 확인할 수 있습니다.

5. 공유 파일 생성하기

이제 해당 공유 폴더에 파일을 생성하거나 기존 파일을 업로드할 수 있습니다. PC에 저장된 파일을 구글 드라이브로 드래그하거나 [마우스 오른쪽 클릭 → 파일 업로드/폴더 업로드]로 자유롭게 활용해 보세요.

Google 문서, 스프레드시트, 프레젠테이션은 순서대로 MS 워드, 엑셀, 파워포인트와 비슷한 문서입니다.

6. 특정 파일의 공유 권한 변경하기

폴더 내의 특정 폴더나 파일에 [마우스 오른쪽 클릭 → 공유]를 선택해 공유 권한을 다시 지정할 수도 있습니다.

7. 파일 보기 형식 변경하기

파일이 많다면 ▤를 눌러 목록 형태로 편하게 확인할 수 있습니다.

8. 사용자가 공유 파일에 접근하기

앞서 공유 권한을 부여받은 사용자에게 이메일을 보냈다면 해당 사용자는 Gmail에서 다음과 같은 이메일을 받습니다. [열기]를 눌러 바로 접속하거나 [구글 드라이브 → 공유 문서함]을 눌러 접속할 수도 있습니다.

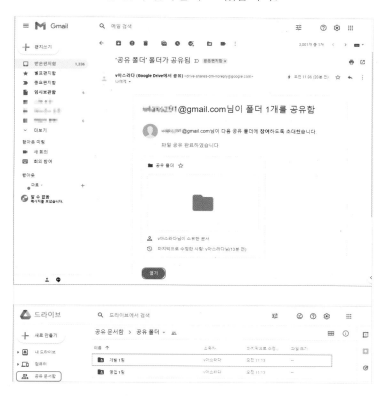

9. 쓰기 권한이 있는 사용자들은 해당 파일에서 동시 작성도 가능하며, 필요에 따라 채팅도 할 수 있습니다. 해당 셀에 마우스 커서를 갖다 대면 작성자 이름도 확인할 수 있습니다.

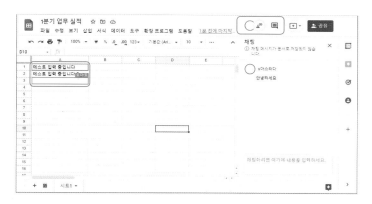

05

내 프라이버시를 지키는 시크릿 꿀팁

회사에서 가끔씩 컴퓨터를 개인적인 용도로 사용할 수 있는데, 동료나 상사에게 보이면 매우 난감할 수 있습니다. 그 순간에는 보이지 않았더라도, 최근에 사용한 파일명이나 내가 접속했던 사이트 방문 기록 등은 컴퓨터에 그대로 남아 있으므로 나중에 난처한 상황이 발생할 수 있습니다. 회사뿐만 아니라, 가정집에서 가족들이 PC를 함께 사용하는 경우도 마찬가지일 것입니다.

그래서 이번 장에서는 내 컴퓨터의 프라이버시를 지키는 방법을 소개하겠습니다. 한 번만 설정하면 되거나, 간단한 단축키 위주로 구성하였으니 쉽게 따라 할 수 있을 겁니다.

05-1 부재 시 필수! 컴퓨터 화면 1초 만에 잠그기

여러분들은 회사에서 자리를 비울 때, 컴퓨터 화면을 어떻게 하나요? 인터넷 쇼핑 등 비업무적인 화면일 때는 창을 내리거나 모니터를 끌 수도 있겠지만, 업무 화면일때는 그냥 두고 가나요? 업무 화면이라 당장 문제되지는 않겠지만 중요 정보들이 노출될 수 있고 퇴근한 뒤에 대외비가 유출될 수 있으므로, 반드시 로그인 화면으로 전환하여 잠가 놓아야 합니다.

이 방법은 윈도우 비밀번호가 설정되어 있을 때 가능하며, 설정 방법은 216쪽을 참고해 보세요.

윈도우에서 [시작 → 사용자 → 잠금]을 눌러서 로그인 화면으로 전환할 수 있습니다. 또한 단축키 ⊞+ⓛ로 재빠르게 전환할 수 있습니다.

이건 꼭 알아야 합니다. 여러분의 프라이버시는 중요하니까요.

05-2 최근에 실행한 파일명과 폴더명 가리기

컴퓨터에는 모든 사용 기록이 저장되어 자주 찾는 앱을 빠르게 실행할 때 도움이 됩니다. 하지만 내가 최근에 실행했던 파일(문서, 사진, 영상, 프로그램 등)이 다른 사람에게 노출되면 난감한 경우가 생길 수 있습니다. 회사나 가정집에서 PC를 공용으로 사용한다면 이 설정을 해제해 보세요.

회사보다는 가족끼리 쓰는 PC에서 유용할 수 있습니다.

하면 된다!》 윈도우 탐색기 즐겨찾기 삭제하기
난이도 ★☆☆

1. 특정 폴더를 자주 사용하다 보면 다음과 같이 탐색기 왼쪽 [즐겨찾기]에 등록되고 하단의 [최근에 사용한 파일]에도 그대로 노출됩니다.

함께 보면 좋은 동영상 강의

2. 불필요하다면 해당 폴더 또는 파일에서 [마우스 오른쪽 클릭 → 즐겨찾기에서 제거]로 삭제할 수 있습니다. 하지만 이는 일시적이며 다시 등록되기 때문에, 근본적으로는 [즐겨찾기]에 자동으로 등록되는 기능을 해제해야 합니다.

3. 이 기능을 해제하기 전에 즐겨찾기에 등록된 목록을 지우겠습니다. 윈도우에서 [시작 → 제어판 → 파일 탐색기 옵션]을 차례로 클릭합니다.

4. [파일 탐색기 옵션] 창에서 [개인 정보 보호]의 [지우기]를 클릭하면 모든 기록이 사라집니다. 더 이상 표시되지 않도록 [즐겨찾기에서 최근에 사용된 파일 표시]와 [즐겨찾기에서 최근에 사용된 폴더 표시]의 체크 표시를 해제하고 [확인]을 누릅니다.

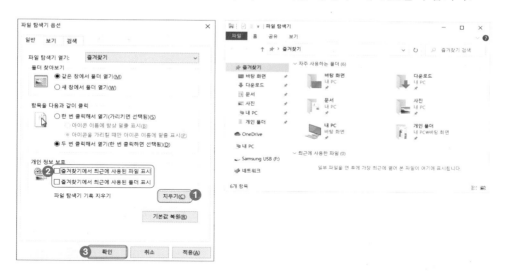

1. [시작]을 누르면 [최근에 추가한 앱]과 [자주 사용되는 앱]
이 나타납니다.

함께 보면 좋은
동영상 **강의**

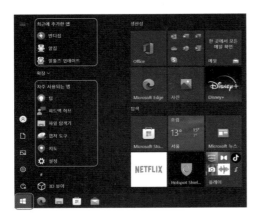

2. 작업 표시줄에서 현재 실행하고 있는 프로그램에 대해 마우스 오른쪽 클릭을 해
보세요. 그러면 최근에 실행한 다른 파일 목록이 나타납니다.

3. 이런 것들은 윈도우의 사용자 편의 기능이지만, 불편하다면 이 기능을 끌 수 있
습니다. 윈도우에서 [시작 → 설정 → 개인 설정]을 선택합니다.

4. [설정] 창에서 [시작]을 선택하고 [최근에 추가된 앱 표시]와 [가장 많이 사용하는 앱 표시] 기능들을 모두 [끔]으로 변경해 주세요.

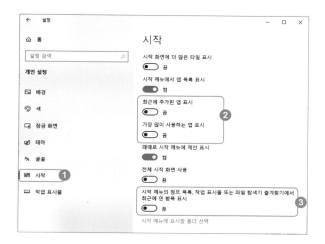

5. 이제 작업 표시줄에서 최근 실행 앱 목록이 나타나지 않습니다.

05-3 특정 파일과 검색 결과 숨기기

공용 컴퓨터를 사용하다 보면 특정 폴더나 파일을 아예 보이지 않게 숨기고, 원할 때만 보고 싶을 수 있습니다. 또한 윈도우 검색 기능으로 나타나는 결과에서, 특정 파일들은 숨기고 싶을 수 있습니다. 이럴 때 다음의 기능들을 활용하면 큰 도움이 됩니다.

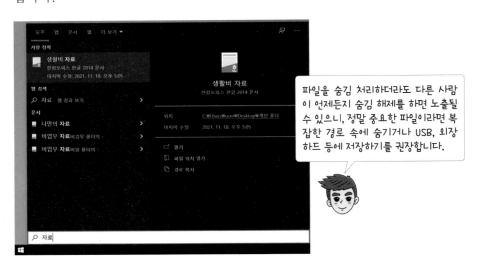

파일을 숨김 처리하더라도 다른 사람이 언제든지 숨김 해제를 하면 노출될 수 있으니, 정말 중요한 파일이라면 복잡한 경로 속에 숨기거나 USB, 외장하드 등에 저장하기를 권장합니다.

하면 된다!〉 특정 파일 숨기고 숨긴 파일 확인하기　　　　난이도 ★☆☆

1. 예를 들어 [내 PC → C 드라이브 → 비밀 폴더]가 있다고 가정하겠습니다. 숨기고자 하는 파일을 선택하고 [마우스 오른쪽 클릭 → 속성 → 숨김 체크 → 확인]을 누르면 해당 폴더에서 보이지 않게 됩니다. 이는 삭제된 것이 아니며, 말 그대로 숨겨진 것입니다. 숨김 상태를 해제하려면 [숨김] 체크를 해제하면 됩니다.

함께 보면 좋은
동영상 강의

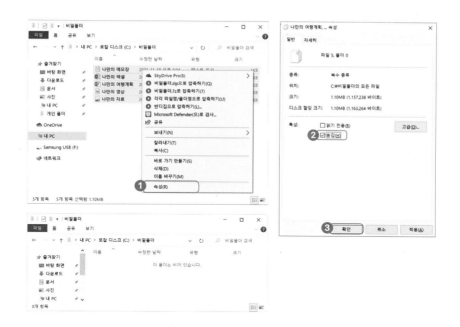

2. 숨겨진 파일을 확인하려면 탐색기 상단의 [보기 → 숨긴 항목]을 체크하세요.

하면 된다!﹜ 특정 폴더 숨기고 숨긴 폴더 확인하기   난이도 ★☆☆

파일이 아닌 폴더에도 동일하게 적용할 수 있습니다. 파일이
많다면 최상위 폴더 1개를 숨기는 것이 효율적일 수 있습니다.

1. 여러 폴더와 파일이 있을 때 그 상위 폴더인 [비밀 폴더]를
숨겨 보겠습니다. [비밀 폴더]에서 [마우스 오른쪽 클릭 → 속
성]을 선택합니다.

함께 보면 좋은
동영상 **강의**

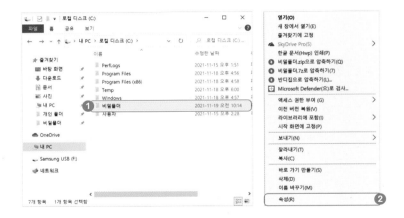

2. [숨김]에 체크하고 [확인]을 클릭합니다. [이 폴더, 하위 폴더 및 파일에 변경 사항 적용]을 선택하고 [확인]을 클릭하면 해당 폴더가 숨겨집니다.

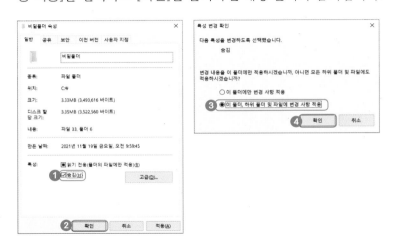

3. 숨겨진 폴더를 확인하려면 탐색기 상단의 [보기 → 숨긴 항목]을 체크하세요. 숨겨진 항목은 조금 투명한 아이콘으로 표시됩니다.

참고로 [ProgramData] 등 숨겨진 폴더, 파일은 윈도우 구동에 필요한 파일이며, 사용자 실수를 방지하기 위해 자동으로 숨김 설정된 것이므로 절대 수정해서는 안 됩니다.

05-4 인터넷에서 최근 검색어와 사이트 접속 기록 지우기

컴퓨터 사용 기록이 윈도우에 저장된다면 인터넷 사용 기록은 브라우저에 모두 저장됩니다. 내가 검색한 내역이나 사이트 접속 기록이 그대로 남아 있는데 타인에게 노출되면 곤란한 상황이 발생할 수 있습니다. 이럴 때 검색 기록을 간단하게 삭제하여 사고를 예방할 수 있습니다. 여기서는 대표적인 브라우저인 마이크로소프트 엣지 및 구글 크롬을 기준으로 소개하겠습니다.

하면 된다! ﹥ 검색 기록 삭제하기(엣지)   난이도 ★☆☆

1. 마이크로소프트 엣지의 ⋯을 클릭한 뒤 [설정]을 누르고, 왼쪽 메뉴의 [개인 정보, 검색 및 서비스 → 검색 데이터 지금 지우기 → 지울 항목 선택]을 누릅니다.

함께 보면 좋은 동영상 강의

2. 항목과 시간 범위를 선택하고 [지금 지우기]를 클릭하여 마칩니다.

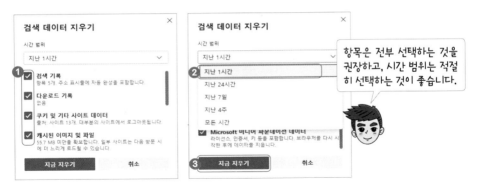

항목은 전부 선택하는 것을 권장하고, 시간 범위는 적절히 선택하는 것이 좋습니다.

하면 된다! 검색 기록 삭제하기(크롬)   난이도 ★☆☆

1. 구글 크롬의 :을 클릭하고 [설정]을 선택합니다. [개인정보 및 보안 → 인터넷 사용 기록 삭제]를 차례대로 누릅니다.

함께 보면 좋은
동영상 **강의**

2. [고급] 탭에서 삭제하고자 하는 기간과 항목을 선택하고 [인터넷 사용 기록 삭제]를 누릅니다.

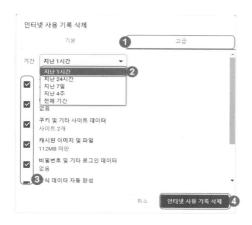

하면 된다! ▶ 네이버에서 자동 검색어 끄기　　　　　　　　　난이도 ★☆☆

특이한 경우로 네이버 등의 포털 사이트에서 검색한 내역은 브라우저가 아닌 로그인한 계정에 저장되어 다음 화면처럼 노출됩니다. 따라서 공용 PC에서는 자동 로그인을 지양하고, 사용이 끝나면 반드시 로그아웃하고 PC를 종료해야 프라이버시 보호 및 보안에 큰 도움이 됩니다.

그래도 불안하다면 ☒를 눌러 해당 검색어를 삭제하거나, [자동 저장 끄기]를 눌러 아예 저장되지 않게 설정할 수 있습니다.

하면 된다!》 기록이 남지 않는 시크릿 모드 사용하기 난이도 ★☆☆

인터넷 사용 기록을 매번 삭제하기 번거롭거나 실수로 기록을 미처 삭제하지 못할
수도 있습니다. 이때 브라우저의 시크릿 모드라는 별도의 창을 이용해서 인터넷을
사용하면 여기서 접속한 기록은 저장되지 않습니다. 대부분의 브라우저에서 Ctrl
+ Shift + N 으로 시크릿 모드를 빠르게 실행할 수 있습니다.

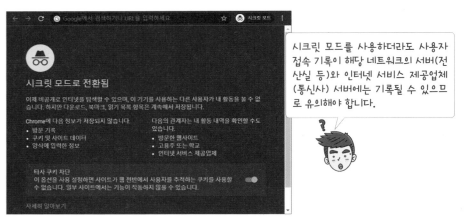

> 시크릿 모드를 사용하더라도 사용자
> 접속 기록이 해당 네트워크의 서버(전
> 산실 등)와 인터넷 서비스 제공업체
> (통신사) 서버에는 기록될 수 있으므
> 로 유의해야 합니다.

구글 크롬의 시크릿 모드

마이크로소프트 엣지의 InPrivate 브라우징

05-5 윈도우 화면 빠르게 전환하기

회사에서 컴퓨터를 하다 보면 가끔씩 개인적인 용무를 볼 수 있습니다. 컴퓨터 화면이 다른 사람에게 갑자기 노출됐을 때 노트북을 확 닫아버리는 경우가 있는데 오히려 더 큰 의심을 불러올 수 있습니다. 비업무적인 화면을 업무 화면으로 자연스럽게 변경해야 난처한 상황을 피할 수 있는데, 2가지 유용한 화면 전환 단축키를 소개하겠습니다.

> 낯설겠지만, 한번 익혀 두면
> 효율적인 업무가 가능해요!

하면 된다! > Alt + Tab 으로 창 전환하기   난이도 ★☆☆

사실 누구나 아는 기본적인 단축키일 것입니다. 하지만 급하게 단축키를 사용하면 다음의 화면처럼 애매하게 전환될 수 있으므로 주의가 필요합니다.

함께 보면 좋은
동영상 강의

엑셀을 전체 화면으로 놓고, 개인 화면을
작게 띄워야 하는데 반대가 된 상황

하면 된다!〉 가상 데스크톱 전환하기

난이도 ★☆☆

가상 데스크톱은 윈도우 화면 자체를 여러 개 띄워 용도별로 사용할 수 있는 기능입니다. 아래의 단축키를 직접 사용해 봐야 빨리 이해할 수 있습니다.

함께 보면 좋은 동영상 강의

- Ctrl + ⊞ + D : 가상 데스크톱 1개 생성하기
- Ctrl + ⊞ + → / ← : 가상 데스크톱 간 이동하기
- Ctrl + ⊞ + F4 : 현재의 가상 데스크톱 닫기(열린 창들은 이전 데스크톱으로 이동됩니다).
- ⊞ + Tab : 가상 데스크톱 및 열린 창 확인하기

가상 데스크톱은 단축키 말고 [+]를 눌러도 생성되고, [x]를 눌러 닫을 수 있습니다.

가상 데스크톱 기능의 원래 목적은 업무 특성에 따라 동시에 사용해야 하는 프로그램이 많을 때, 화면을 나누어 효율적으로 사용하기 위함입니다. 예를 들어, 1번 화면은 문서 작업 위주로, 2번은 영상 편집 위주로, 3번은 포토샵 등의 이미지 편집 위주로 사용하면 좋겠죠. 이를 응용하여, 비업무/업무 화면으로 만들 수도 있습니다. 하지만 꼬리가 길면 밟히는 법! 너무 악용하지는 말고 정말 필요할 때만 사용하기를 권장합니다.

인터넷 작업이 빨라지는 브라우저 꿀팁

인터넷 브라우저는 컴퓨터에서 가장 많이 사용하는 프로그램 중에서 하나일 것입니다. 그만큼 브라우저를 더욱 효율적이고 편하게 사용한다면 능률도 올라가고 업무 성과도 더욱 좋아질 수 있습니다. 이번 장에서는 브라우저에서 자주 쓰이는 핵심 단축키부터 내가 원하는 브라우저와 검색엔진으로 설정하는 법을 알아보겠습니다.

06-1 브라우저 핵심 단축키

엑셀이나 워드, 기타 업무용 프로그램 단축키는 많이 알아도, 브라우저 단축키를 통달한 사람은 많지 않을 것입니다. 브라우저 단축키를 숙달하면 더욱 빠르고 편하게 작업할 수 있는데, 이 단축키는 그리 많지도 않고 빈도가 매우 높아 금방 익힐 수 있을 것입니다. 또한 대부분의 브라우저에서 공통으로 적용되므로 한번 익혀 두면 유용하게 사용할 수 있습니다.

함께 보면 좋은 동영상 강의

* Ctrl + R (또는 F5)	새로 고침
* Ctrl + N	새 창 열기
* Ctrl + T	새 탭 열기
* Ctrl + W	현재 탭 1개 닫기(열린 탭이 하나일 경우 창이 닫힘)
* Ctrl + Shift + T	닫힌 탭 다시 열기
Ctrl + Tab / Ctrl + Shift + Tab	다음/이전 탭으로 이동하기
Ctrl + 1 ~ 9	n번째 탭으로 이동하기
Ctrl + F4 (또는 Alt + F4)	현재 브라우저를 닫기(모든 탭 닫기)
Ctrl + Shift + N	시크릿 모드
Ctrl +마우스 휠	브라우저 확대/축소하기
Ctrl + 0	브라우저 확대/축소 초기화하기(100%)
* Ctrl + E (Alt + D 또는 F6)	인터넷 주소 창으로 이동하기
Ctrl + F (또는 F3)	현재 탭에서 텍스트 검색하기
F11	전체 화면 보기(상단 메뉴와 작업 표시줄 가려짐)
* Ctrl + D	현재 사이트를 북마크(즐겨찾기)에 추가하기
* Ctrl + Shift + B	북마크 표시하기/숨기기
* PgDn (또는 Spacebar)/ PgUp	한 페이지씩 내리기/올리기
Home / End	해당 페이지의 첫/마지막 화면으로 이동하기

빈도가 매우 높은 단축키 앞에 * 를 붙였습니다.

06-2 기본 브라우저 설정하기

대표적인 인터넷 브라우저는 마이크로소프트 엣지, 구글 크롬, 네이버 웨일, 오페라 등이 있는데, 사용자마다 선호하는 브라우저가 다릅니다. 특정 웹페이지 링크나 아이콘을 클릭했을 때 원하지 않는 브라우저로 실행된다면 여러분이 원하는 브라우저를 기본으로 설정하여 해결할 수 있습니다.

> 인터넷 익스플로러는 이제 마이크로소프트의 기술 지원이 종료되어 보안이 매우 취약하므로 더 이상 사용하지 않는 것이 좋습니다.

하면 된다! ▶ 기본 브라우저 설정하기   난이도 ★☆☆

1. 윈도우에서 [시작 → 설정 → 앱]을 선택합니다.

2. [기본 앱 → 웹 브라우저]를 차례대로 선택하고 원하는 브라우저를 선택합니다.

> 실습을 위해 '네이버 웨일'을 선택해 볼게요!

06 · 인터넷 작업이 빨라지는 브라우저 꿀팁   **243**

3. 이제 웹페이지 링크나 아이콘을 클릭했을 때 앞에서 설정한 브라우저로 실행됩니다.

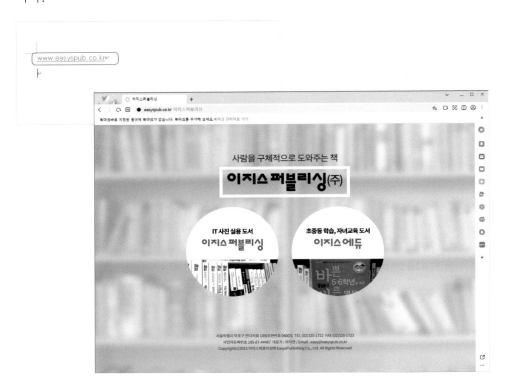

06-3 인터넷 주소 창 검색 결과를 네이버나 구글로 바꾸기

사용자 스타일에 따라, 네이버나 구글 웹사이트 안의 검색 창 말고 브라우저의 인터넷 주소 창(주소 표시줄)에 직접 검색하는 경우도 있는데요. 이때 적용되는 기본 검색엔진을 사용자가 원하는 것으로 변경할 수 있습니다. 다시 말해, 브라우저 주소 창에 키워드를 입력하면 바로 네이버나 다음, 구글 등의 검색 결과로 연결하는 것입니다. 여기서는 구글 크롬과 마이크로소프트 엣지를 기준으로 소개하겠습니다.

하면 된다!⟫ 기본 검색엔진 변경하기(크롬)   난이도 ★☆☆

1. 구글 크롬에서 검색엔진 설정하기

크롬 브라우저에서 ⋮을 클릭하고 [설정]을 선택합니다. [검색엔진]을 선택하고 [주소 표시줄에서 사용되는 검색엔진]에서 [Google]이나 [네이버] 등 원하는 검색엔진을 선택합니다.

함께 보면 좋은
동영상 강의

> 저는 주소창 검색 결과가 항상 '구글'에서 나오게 설정합니다.

2. 원하는 검색엔진이 없다면 [검색엔진 관리 → 기타 검색엔진 → 추가]를 눌러 검색엔진의 이름과 키워드, URL을 입력한 뒤 [추가]를 누르고 앞의 방법으로 검색엔진을 변경합니다.

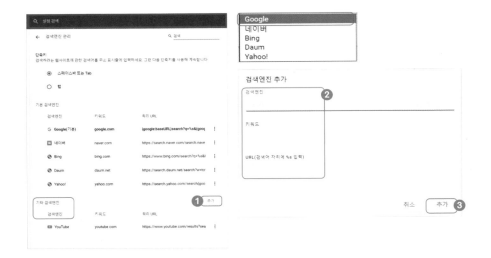

함께 보면 좋은
동영상 **강의**

하면 된다!》 기본 검색엔진 변경하기(엣지)   난이도 ★☆☆

1. 마이크로소프트 엣지에서 검색엔진 설정하기

엣지 브라우저에서 ⋯을 클릭하고 [설정]을 선택합니다. [개
인 정보, 검색 및 서비스]를 선택하고 [서비스 → 주소 표시줄
및 검색]을 클릭합니다.

2. [검색 주소 창에 사용된 검색엔진]에서 원하는 검색엔진을 선택합니다.

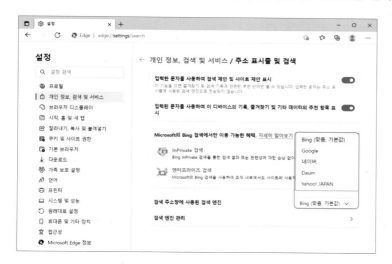

3. 원하는 검색엔진이 없다면 [검색엔진 관리 → 주소 표시줄 검색엔진 → 추가]를 누르고 검색엔진의 이름과 키워드, URL을 입력한 뒤 [추가]를 누르고 앞의 방법으로 검색엔진을 변경합니다.

06-4 특정 사이트에서 마우스 오른쪽 클릭과 드래그가 되지 않을 때

인터넷을 하다 보면 해당 웹페이지의 글이나 사진을 사용하고 싶은데, 가끔 마우스 드래그 또는 오른쪽 클릭이 되지 않아 불편한 경우가 있습니다. 주로 개인이 운영하는 블로그, 카페, 홈페이지 등에서 많이 발생하는 현상인데, 컴퓨터의 오류가 아니라 타인에 의한 2차 배포 방지를 위해 운영자가 직접 막아 놓은 경우가 많습니다. 하지만 일회성으로 급하게 필요할 때 마우스 드래그, 오른쪽 클릭 잠금을 간단히 해제할 수도 있습니다. 물론 절대 악의적인 목적으로 사용해서는 안 됩니다. 최악의 경우, 저작권 및 초상권 등의 법적인 분쟁이 있을 수 있으니 주의하세요. 이 방법도 브라우저마다 다르지만, 마이크로소프트 엣지와 구글 크롬 기준으로 소개하겠습니다.

> 인터넷을 사용한다면, 필요한 상황이 반드시 생깁니다.

하면 된다!> 드래그프리 활용하기   난이도 ★☆☆

1. 마이크로소프트 엣지에서 확장 이용하기

엣지 브라우저에서 ⋯을 클릭한 뒤 [확장]을 선택합니다. [Microsoft Edge용 확장 가져오기]를 클릭합니다.

> 함께 보면 좋은
> 동영상 강의

2. 왼쪽 검색 창에서 [드래그프리]를 검색합니다. 검색 결과에서 [드래그프리] 항목의 [다운로드 → 확장 추가]를 클릭합니다.

3. 이제 마우스 오른쪽 클릭과 드래그가 안 되는 사이트에 접속한 상태에서, 브라우저 오른쪽 상단에 있는 ⬇을 누르고 [제한 풀기]를 클릭한 뒤 원하는 작업을 진행해 보세요.

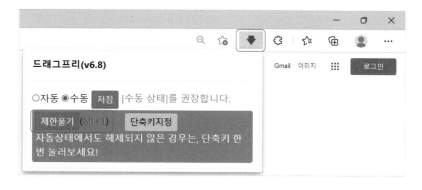

4. 구글 크롬에서 확장 이용하기

구글 크롬에서 ⋮ 를 클릭하고 [도구 더보기 → 확장 프로그램]을 누릅니다.

함께 보면 좋은
동영상 강의

5. 화면 상단의 ☰을 클릭하고 화면 하단의 [Chrome 웹 스토어 열기]를 클릭합니다.

6. [드래그프리]를 검색한 뒤 해당 앱을 클릭합니다.

7. [Chrome에 추가 → 확장 프로그램 추가]를 클릭합니다.

8. 마우스 오른쪽 클릭과 드래그가 안 되는 사이트에 접속합니다. 브라우저 오른쪽 상단에 있는 [★]를 누르고 [드래그프리]를 선택한 뒤 [제한 풀기]를 누르고 원하는 작업을 진행해 보세요.

셋째마당

도전!
컴퓨터 고수가 되는
지름길

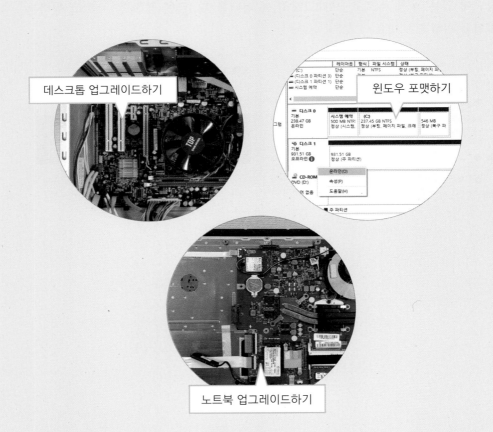

데스크톱 업그레이드하기

윈도우 포맷하기

노트북 업그레이드하기

컴퓨터는 오래 쓰다 보면 점점 느려지거나 각종 오류가 많이 생기기 마련입니다. 이럴 때 수리점에 맡기면 보통 윈도우 재설치나 업그레이드를 권유받게 되는데, 여기까지는 사실 크게 어렵지 않아 여러분도 직접할 수 있습니다. 이것을 할 수 있다면, 수리를 맡길 때마다 발생하는 몇만 원 정도의 금액과 시간을 절약할 수 있고, 지인도 돕고 회사에서도 인정받을 수 있습니다. 셋째마당의 내용을 숙지해 여러분들도 컴퓨터 고수가 되어 보세요!

07

윈도우 10
설치하고
초기화하기

윈도우를 재설치한다는 의미로 '윈도우 포맷'이라는 말을 많이 사용하는데, 엄밀히 따지면 '포맷' 자체는 '디스크의 모든 내용을 삭제하여 초기화한다'라는 뜻입니다. 따라서 '윈도우 설치'는 포맷 이후에 진행되는 별도의 과정입니다. 그래서 이 책에서는 용어를 정확히 구분하여 설명하겠습니다.

과거에는 윈도우를 재설치하기 위해서 디스크를 포맷한 후 윈도우 설치 CD 또는 USB로 부팅하여 설치했지만 윈도우 10부터는 자체적인 공장 초기화 기능이 있어서 매우 쉽고 편해졌습니다.

또한 상위 버전의 윈도우로 업그레이드할 때도, 굳이 포맷하지 않고 내 PC에 저장된 대부분의 문서와 프로그램을 그대로 유지한 채 무료로 업그레이드할 수 있습니다. 물론 윈도우가 설치되지 않은 PC를 구매했거나 디스크 교체 등의 상황에서는 CD 또는 USB로 윈도우를 설치해야 합니다.

07-1 윈도우 10 설치 및 초기화 전에 반드시 확인해야 할 것

디스크를 포맷하면 말 그대로 모든 데이터가 삭제되므로, 중요한 자료가 있다면 반드시 외장 하드 등에 백업해야 합니다. 윈도우를 초기화해도 기존 파일을 유지할 수 있고, 윈도우 10으로 업그레이드하는 경우에도 파일 및 프로그램까지 유지됩니다. 하지만 호환성 문제로 일부 프로그램은 재설치가 필요할 수 있고, 파일 유지도 마이크로소프트가 100% 보장하거나 책임지지는 않으니 정말 중요한 자료가 있다면 꼭 별도로 백업하세요.

구 분	기존 파일 유지 여부	기존 프로그램 유지 여부
윈도우 클린 설치 (=파티션 포맷, 삭제)	X (모두 삭제)	X (모두 삭제)
윈도우 10 초기화 기능	O (사용자 선택에 따라 가능)	X (모두 삭제)
윈도우 7 → 10 업그레이드	O (사용자 선택에 따라 가능)	O (사용자 선택에 따라 가능)

> 정말 중요한 파일은 외장 하드 등에 백업하는 게 안전합니다.

🔧 **어떤 파일을 백업해야 하나요?**

이 부분은 사용자마다 중요한 파일이 다르므로 여러분이 직접 판단해야 합니다. 하지만 많은 파일들이 저장된 폴더를 확인해 보면 쉽게 확인할 수 있습니다.

* **주요 저장 폴더:** 바탕화면, 다운로드, 문서(카카오톡 받은 파일 등), D 드라이브, C 드라이브 응용 프로그램 폴더
* **기타 파일:** 사용자가 직접 숨긴 폴더, 공인인증서(해당 금융 사이트 확인), 설치 프로그램 등

프로그램도 백업해야 하나요?

프로그램은 파일처럼 백업되지 않고 새로 설치해야 합니다. PC에 설치된 프로그램 목록을 미리 확인하면 나중에 설치하기 수월해집니다. 윈도우 [시작 → 제어판 → 프로그램 제거]로 들어가 [프로그램 및 기능] 창에서 확인할 수 있으며 설치 파일도 미리 확보하면 좋습니다.

07-2 윈도우 7에서 윈도우 10으로 무료 업그레이드하기

아직 윈도우 7을 사용한다면 윈도우 10으로 무료로 업그레이드할 수 있습니다. 마이크로소프트 공식 사이트에서 지원하는 프로그램을 이용하여 간단하게 진행할 수 있는데, 기존 파일 및 프로그램까지 대부분 유지되니 매우 편리합니다.

아직 윈도우 7을 사용한다면 반드시 윈도우 10으로 업그레이드하세요!

하면 된다!〉 윈도우 10으로 업그레이드하기   난이도 ★☆☆

1. 마이크로소프트 공식 홈페이지에 접속한 후 [지금 도구 다운로드]를 클릭하고 업그레이드 프로그램을 내려받습니다.

> * 마이크로소프트 공식 홈페이지:
>   www.microsoft.com/ko-kr/software-download/windows10

함께 보면 좋은
동영상 **강의**

■ Microsoft | 소프트웨어 다운로드   Windows ∨   자세히 ∨   Microsoft 전체 ∨   ⌕   로그인

Windows 10 다운로드
업데이트를 수행하기 전에, **Windows 릴리스 정보**를 참조하여 알려진 문제를 확인하고 사용하는 디바이스가 영향을 받지 않도록 하세요.

현재 윈도우 7이 정품 인증이 되어 있어야 윈도우 10으로 업그레이드할 수 있습니다.

PC에 Windows 10을 설치하고 싶으신가요?
시작하려면 Windows 10 설치 라이선스를 우선 확보해야 합니다. 그 뒤에 미디어 생성 도구를 다운로드하고 실행할 수 있습니다. 도구 사용 방법에 관한 자세한 정보는 아래 지침을 참조하십시오.

[지금 도구 다운로드]

현재 윈도우 최신 버전은 윈도우 11이지만 사양이 좋은 최신 컴퓨터가 아니라면 윈도우 10을 사용하기를 권장합니다.

2. 내려받은 프로그램(MediaCreationTool21H2)을 실행하고 잠시 기다립니다.

3. 다음 화면이 나타나면 [동의]를 누르고 잠시 기다립니다.

4. 다음 화면에서 [지금 이 PC 업그레이드]를 선택한 뒤 [다음]을 누릅니다.

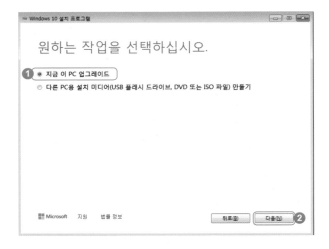

5. 30분 정도 기다린 뒤에 '관련 통지 및 사용 조건'에 대해 [동의]를 누릅니다.

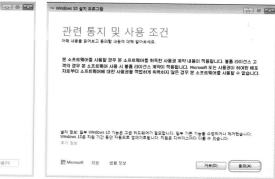

6. 잠시 기다리면 다음 화면이 나타납니다. 기본적으로 [개인 파일, 앱을 유지합니다]에 체크되어 있는데 [유지할 항목 변경]을 클릭하여 수정할 수 있습니다.

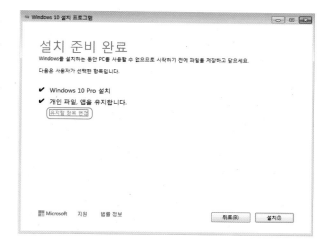

7. 3가지 항목 중 원하는 옵션을 선택한 뒤 [다음]을 클릭합니다. 저는 [개인 파일, 앱을 유지합니다]로 진행해 보겠습니다.

> [개인 파일, 앱을 유지합니다]를 선택하더라도 정말 중요한 파일이 있다면 만일을 대비해 별도로 백업하는 게 좋습니다.

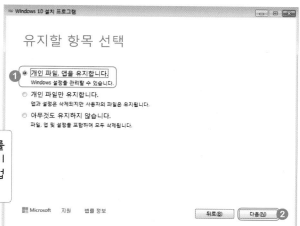

8. 잠시 후 방금 전의 화면이 한 번 더 나타나는데 [설치]를 누릅니다.

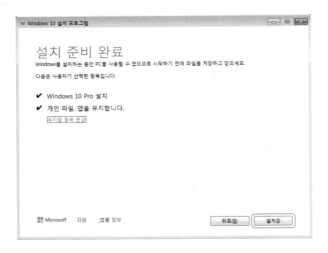

9. 다음의 화면이 나타나며 업그레이드가 진행됩니다.

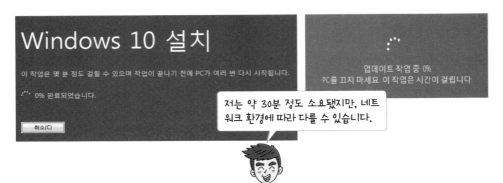

10. 윈도우 10 사용자 설정하기

윈도우 10 업그레이드가 모두 끝났지만, 간단한 사용자 설정을 해야 합니다. 여기 서부터는 크게 주의할 것은 없고, 여러분이 원하는 설정대로 선택하고 계속 [수락] 을 클릭하면 됩니다. 대부분의 설정이 내 개인 정보를 마이크로소프트로 보낸다는 내용이라 대부분 [아니요]를 선택하고 진행했습니다.

이 부분은 여러분이 원하는 대로 설정해도 되지만, 저는 일반적인 선택으로 소개하였습니다.

11. 윈도우 10 업그레이드가 완료되었습니다. 윈도우 7에 저장됐던 기존 파일과 프로그램도 모두 유지되었습니다.

07-3 USB로 윈도우 10 설치하기

이번에는 윈도우 10을 아예 새로 설치해 보겠습니다. 컴퓨터를 잘 다루는 사람들은 일부러 운영체제(OS)가 설치되지 않은 PC를 구매하고 윈도우를 직접 설치하여 많은 비용을 절약합니다. 윈도우 설치는 디스크 교체나 업그레이드 시에도 필수적인 과정입니다. 이는 크게 3가지 과정으로 ❶ USB에 윈도우 10 설치 이미지를 마운트하고 ❷ USB로 윈도우 10을 설치한 뒤 ❸ 윈도우 10 정품 인증까지 진행해야 합니다.

이번 내용에서는 8GB 이상의 USB가 반드시 필요하니 준비하고, 저장된 파일이 있다면 다른 곳에 백업하세요. 윈도우 10 이미지 파일을 USB에 마운트할 때 모든 자료가 삭제됩니다. 또한 윈도우를 새로 설치하는 과정은 디스크 포맷이 수반되어 모든 데이터가 삭제되니, 중요 자료들은 반드시 외장 하드 등에 백업해 주세요. USB와 별개로 C 드라이브와 D 드라이브가 포맷됩니다.

하면 된다! ▶ USB에 윈도우 10 설치 이미지 마운트하기   난이도 ★★☆

1. 윈도우 10 설치 파일 내려받기

마이크로소프트 공식 사이트에 접속한 뒤 [지금 도구 다운로드]를 눌러 윈도우 10 설치 파일을 내려받습니다.

함께 보면 좋은
동영상 강의

> * 마이크로소프트 공식 사이트:
> www.microsoft.com/ko-kr/software-download/windows10

PC에 Windows 10을 설치하고 싶으신가요?
시작하려면 Windows 10 설치 라이선스를 우선 확보해야 합니다. 그 뒤에 미디어 생성 도구를 다운로드하고 실행할 수 있습니다. 도구 사용 방법에 관한 자세한 정보는 아래 지침을 참조하십시오.

지금 도구 다운로드

윈도우 10 부팅 USB는 PC 부팅이 안 될 때 간단한 복구용으로도 활용할 수 있으니, 1개 만들어 두면 좋습니다.

2. 8GB 이상의 USB를 PC에 꽂고 내려받은 프로그램(MediaCreationTool21H2)을 실행합니다.

3. 다음 화면이 나타나면 [동의]를 누르고 잠시 기다립니다.

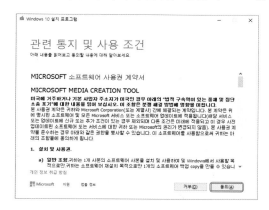

4. 다음 화면에서 [다른 PC용 설치 미디어(USB 플래시 드라이브, DVD 또는 ISO 파일) 만들기]를 선택한 뒤 [다음]을 누릅니다.

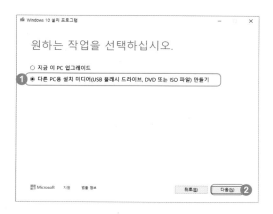

5. 다음 화면에서 [이 PC에 권장 옵션 사용]을 체크하고 [다음]을 클릭합니다.

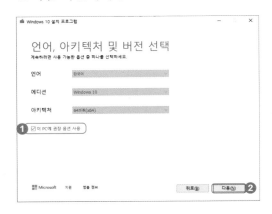

6. 다음 화면에서 [USB 플래시 드라이브]를 선택한 뒤 [다음]을 클릭합니다.

윈도우 10 설치 파일만 필요하다면 [ISO 파일]을 선택한 뒤 [다음]을 눌러 저장하면 됩니다.

7. 가장 주의해야 하는 단계입니다. 경고 문구처럼, USB의 모든 파일이 삭제되므로 중요한 자료가 있다면 다른 곳에 백업해 주세요. USB가 2개 이상 있다면 반드시 해당 USB 드라이브명을 꼭 확인하세요. 아니면 확실하게 1개만 남기고 모두 뽑아 주세요. 그런 다음 [드라이브 목록 새로 고침]을 누르면 갱신됩니다. [다음]을 클릭합니다.

8. 30분~1시간 정도 기다리면, 해당 USB에 윈도우 10 설치 파일이 마운트됩니다. [마침]을 눌러 끝내고 컴퓨터를 종료해 주세요. 이 과정은 네트워크 환경에 따라 소요 시간이 다를 수 있습니다.

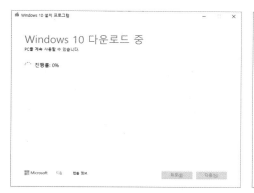
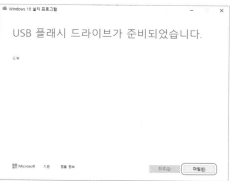

하면 된다! ⟩ 파티션 삭제 및 윈도우 10 설치하기　　　　난이도 ★★☆

1. USB로 부팅하기(윈도우 10 설치 화면 띄우기)

아까 작업했던 USB를 PC에 꽂은 채 PC를 부팅해 주세요. 이 때 단축키를 눌러 부팅 디바이스를 선택할 수 있는 화면을 띄워야 합니다. 각 제조사마다 부팅할 때 눌러야 할 단축키가 다르니 94쪽을 참조하세요.

함께 보면 좋은 동영상 강의

단축키를 한 번만 누르지 말고, 여러 번 톡톡톡 누르면 조금 더 수월합니다. 인식되지 않고 부팅이 되더라도 전원을 강제로 끄지 말고 윈도우 화면에서 [다시 시작]을 눌러 재부팅하거나, 부팅 중에 키보드 Ctrl + Alt + Del 을 눌러 보세요.

2. 삼성과 LG PC는 아래와 비슷하게 나타나는데, 방향키 ⬆, ⬇를 이용해 해당 USB를 선택한 뒤 Enter를 누릅니다.

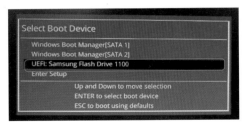

삼성 PC 부팅 순서 선택 화면   LG PC 부팅 순서 선택 화면

3. 디스크 포맷 및 윈도우 10 설치하기

해당 USB로 부팅을 했다면 윈도우 10 설치 화면이 나타납니다. 아래의 설정과 같다면 [다음]을 누릅니다. [지금 설치]를 누릅니다.

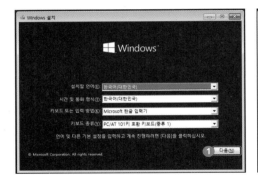

4. 윈도우 10 제품 키가 있다면 입력 후 [다음]을 누르고, 제품 키가 아직 없다면 [제품 키가 없음]을 클릭합니다.

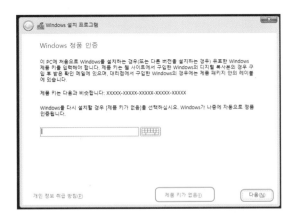

5. 윈도우 10의 버전을 선택해야 하는데, 보유 중인 제품 키가 있다면 해당 버전으로 진행하면 됩니다. 아직 제품 키가 없다면 [Windows 10 Pro]를 추천합니다. 성능 차이는 없지만 각종 기능과 보안성이 더 좋고, 향후 유지 보수도 수월합니다. [다음]을 클릭합니다.

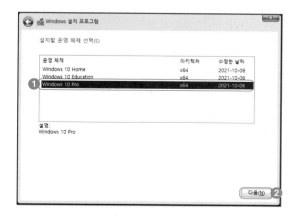

6. 다음 화면에서 [동의함]에 체크한 뒤 [다음]을 누릅니다. 다음 화면에서 두 번째 항목 [사용자 지정: Windows만 설치(고급)]을 선택합니다.

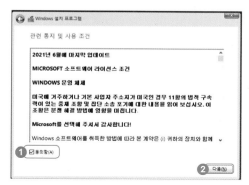 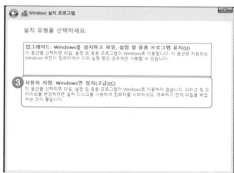

7. 지금부터는 PC 환경에 따라 화면이 다를 수 있어, 3가지 경우로 분류했습니다. 여러분 상황에 맞게 진행한 후 다음 단계로 넘어가세요.

경우 **❶** 윈도우가 설치되지 않은 PC를 구매했을 때, 새 디스크로 교체했을 때, 기존 디스크를 포맷했을 때, 디스크가 1개만 장착됐을 때입니다. '할당되지 않은 공간' 상태인 드라이브를 선택하고 [새로 만들기]를 누른 다음 8번부터 진행하세요.

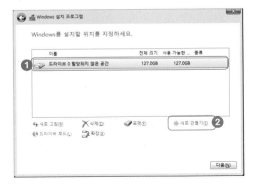

경우 **❷** 이미 윈도우가 설치된 경우, 디스크가 1개만 장착됐을 때입니다. 동일한 드라이브의 모든 파티션을 선택한 후 [삭제]를 눌러 '할당되지 않은 공간' 한 줄만 나오도록 만들어 주세요.

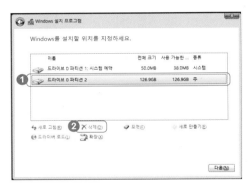

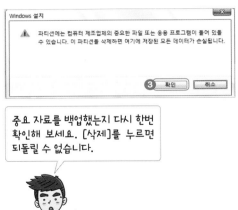

중요 자료를 백업했는지 다시 한번 확인해 보세요. [삭제]를 누르면 되돌릴 수 없습니다.

⚙ 드라이브와 파티션의 차이는 무엇인가요?

한마디로 드라이브는 물리적인 공간이고 파티션은 논리적인 공간입니다. 예를 들어, 디스크가 2개라면 C 드라이브, D 드라이브로 부르죠. 파티션은 '복구 영역', '시스템 영역' 등으로 운영체제가 설치된 드라이브에 존재하지만, 탐색기에서는 보이지 않습니다. 예외적으로, 과거에는 1TB HDD를 500GB씩 나누어 C, D 드라이브로 사용하곤 했는데, 이때는 파티션으로 분할된 논리적 공간이 됩니다. 윈도우 설치 과정에서는 동일 드라이브의 모든 파티션을 삭제한 다음, 하나로 통합하고 진행해야 안전합니다.

> ⚙️ **[Windows 설치 프로그램] 창에서 [삭제]와 [포맷]의 차이는 무엇인가요?**
>
> [삭제]는 말 그대로 파티션이 삭제되어 드라이브 목록에서 그 한 줄이 사라지는 것이고, [포맷]은 해당 파티션의 데이터만 삭제되어 파티션 자체는 남아 있게 됩니다. 헷갈린다면 직접 눌러 보세요. 어차피 [삭제]할 파티션은 [포맷]을 누른 뒤 진행해도 됩니다.

경우 ❸ 다음의 상황에서는 정말 조심해야 합니다.

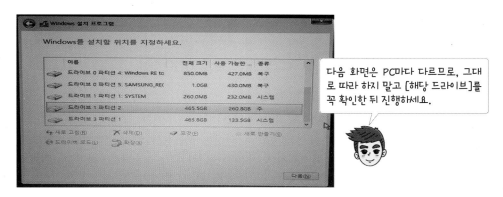

드라이브 뒤에 붙는 숫자는 물리적으로 다른 장치를 구분하는 표시이므로, 모든 드라이브에 대해 [삭제]를 누르면 절대 안 됩니다. 저의 경우 3가지 디스크가 장착되어 있습니다.

- 드라이브 0: SSD 256GB(C 드라이브)
- 드라이브 1: HDD 500GB(D 드라이브)
- 드라이브 3: 외장 하드 500GB
- 드라이브 4~: USB 등이 연결됐다면 추가로 표시됩니다.

따라서 반드시 윈도우를 설치할 드라이브만 선택하고 [삭제]를 눌러 한 줄로 병합해 주세요. 저의 경우, [드라이브 0]의 [파티션 1~5]에 대해 [삭제]를 진행하면 됩니다.

> ### 🔧 그럼 어떤 드라이브를 삭제하고 윈도우를 설치해야 하나요?
>
> 가장 먼저 실수를 방지하기 위해 USB나 외장 하드 등을 모두 뽑고 진행하는 게 좋습니다. 그다음, 디스크 용량(전체 크기, 사용 가능한 용량)으로 구분하면 쉽고 HDD, SSD 둘 다 있다면 SSD에 설치하는 게 좋습니다.
>
>
>
> 드라이브 0 = 250GB SSD   드라이브 1 = 500GB HDD

8. 윈도우를 설치할 드라이브가 깔끔하게 정리됐다면 [새로 만들기]를 클릭한 뒤 [크기] 부분에 나오는 용량을 확인하세요. [크기]는 MB 단위로 입력해야 합니다(예: 100GB = 102,400MB). 기본값으로 전체 용량이 적혀 있을 텐데 파티션을 2개 이상 만들 게 아니라면, 전체 용량 그대로 [적용]을 누릅니다.

SSD 없이 1TB HDD만 사용하던 시절에는 500GB씩 나누어 C 드라이브와 D 드라이브로 사용하기도 했는데, 이것을 파티션 분할이라고 합니다. 지금은 애초에 SSD를 C 드라이브로, HDD를 D 드라이브로 사용하는 경우가 많습니다. SSD는 가격이 높고 용량이 적어 효율성이 낮기 때문입니다.

9. [확인]을 누르고 주 파티션을 선택한 뒤 [다음]을 클릭하면 윈도우 설치가 진행됩니다. 디스크 속도에 따라 몇 분 정도 소요됩니다.

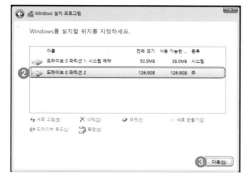

10. 윈도우 사용자 설정하기

윈도우 설치가 끝나면 다음 화면이 나타나는데, 지금부터는 크게 주의할 점은 없으며 사용자 상황에 맞게 선택해도 됩니다. 저는 일반적인 상황에 맞게 소개하겠습니다. 지역(한국)을 선택하고 [예]를 누릅니다. 기본 설정인 [Microsoft 입력기] 그대로 [예]를 누릅니다.

11. 키보드 레이아웃은 [건너뛰기]를 누릅니다. 네트워크 연결은 나중에 해도 됩니다. 랜선이 있다면 꽂고, 와이파이 목록이 나타난다면 연결하세요. 그러면 다음 화면으로 넘어가는데, 아니면 [인터넷이 없음]을 클릭하세요.

12. 다음의 기능이 필요하다면 [지금 연결]을 누르고, 잘 모르겠다면 [제한된 설치로 계속]을 누릅니다.

13. 사용자 이름을 입력하고 [다음]을 클릭합니다. 이름은 user처럼 간단하면서도 의미 있는 영문을 추천합니다. 무의미한 문자는 계정을 구분할 때 불편할 수 있고, 한글, 특수문자, 공백이 포함된 사용자 이름은 각종 오류와 호환 문제의 원인이 될 수 있습니다.

그다음, 로그인 비밀번호를 입력한 후 [다음]을 클릭합니다. 아직 비밀번호가 필요 없다면 아무것도 입력하지 않아도 됩니다.

 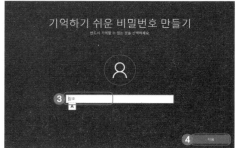

14. 지금부터는 대부분 개인정보와 광고 관련 내용이라, 저는 [아니요]로 일관하고 [수락]을 눌렀습니다.

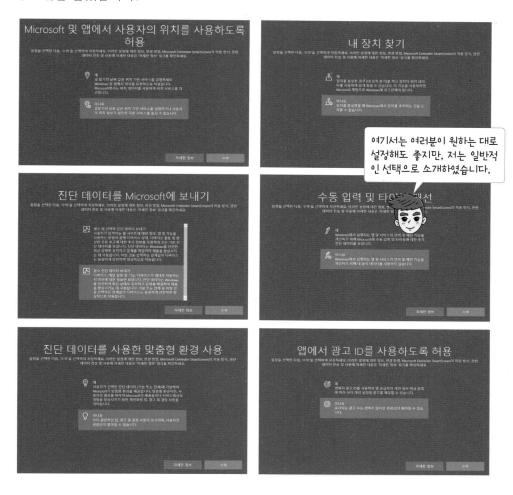

15. 몇 분 정도 기다리면 바탕화면으로 진입되며 윈도우 설치 및 설정이 모두 완료됩니다.

16. 각종 드라이버 설치하기

윈도우 7까지는 모든 드라이버(랜선, 와이파이, 그래픽, 사운드, 칩셋, 노트북 🖭, 블루투스 등)를 수동으로 설치해야 했는데, 윈도우 10부터는 윈도우 업데이트로 한 번에 설치되는 경우가 많습니다. 하지만 그래픽 카드 드라이버는 수동으로 설치해야 하는 경우가 종종 있는데, 제조사마다 방법이 모두 다릅니다. 인터넷과 그래픽에 문제가 있다면 다음의 방법을 참고해 보세요.

> * 윈도우 10 업그레이드 방법: 257쪽 참고
> * 유무선 랜 드라이버 설치 방법: 39쪽 참고
> * 제조사별 드라이버 다운로드 사이트 및 설치 방법 모음집: cafe.naver.com/msooriya/1945

07-4 윈도우 10 초기화 기능 활용하기

앞의 방법으로 윈도우 10을 설치했다면, 다음에는 윈도우 자체에 탑재된 초기화 기능을 사용하면 빠릅니다. 윈도우를 처음 설치했던 시점으로 돌아가므로 컴퓨터의 각종 오류를 해결하고 속도를 개선할 수 있습니다.

> 사용자 선택에 따라 기존 파일은 유지할 수 있지만 그래도 중요한 파일은 별도로 백업해 주세요.

하면 된다!✈ 윈도우 10 초기화하기   난이도 ★☆☆

1. 바탕화면에서 ⊞+X를 눌러 다음 메뉴를 실행하고 [설정]을 클릭합니다. [업데이트 및 보안]을 클릭합니다.

> 함께 보면 좋은
> 동영상 강의

2. 왼쪽 메뉴의 [복구]를 클릭하고 [시작]을 누릅니다.

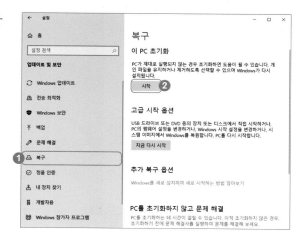

3. 아래의 2가지 옵션 중 원하는 옵션을 선택합니다. 그리고 설치 방법은 일반적으로 [로컬 다시 설치]를 선택합니다.

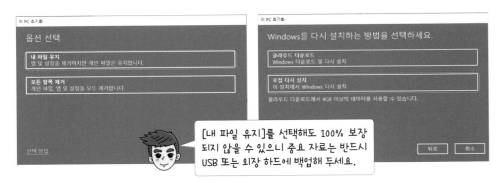

[내 파일 유지]를 선택해도 100% 보장되지 않을 수 있으니 중요 자료는 반드시 USB 또는 외장 하드에 백업해 두세요.

4. [다음]을 클릭하면 [다시 설정 준비 중] 상태로 변경됩니다. 자동으로 재부팅이 몇 차례 되면서 짧게는 10분, 길게는 1시간 이상 소요될 수 있습니다.

5. 모든 과정이 끝나면 다음과 같이 바탕화면으로 진입되며 초기화가 완료됩니다. 이로써 이전에 설치됐던 모든 프로그램들이 삭제되고, 각종 설정이나 레지스트리 값들이 초기화됐으므로 처음 상태로 쾌적하게 사용할 수 있습니다.

08

컴퓨터 업그레이드 이해하기

컴퓨터가 느리거나 각종 오류가 많을 때 업그레이드를 진행하면 적은 비용으로 성능을 크게 개선할 수 있습니다. 예를 들어, 5만 원짜리 부품을 교체하면 100만 원짜리 새 컴퓨터처럼 빨라질 수 있는데, 이 작업을 직접 할 수 있다면 많은 비용과 시간을 아낄 수 있습니다.

주로 업그레이드하는 부품은 SSD, RAM(메모리), 그래픽 카드, 파워 서플라이입니다. 사실 부품을 교체하기는 어렵지 않지만, 각 부품의 특징, 호환성 등을 이해하는 것이 어려울 수 있습니다. 잘못된 부품을 구매하면 컴퓨터에 장착 또는 인식이 안 될 수 있기 때문입니다. 그래서 이번 장에서는 9장과 10장의 실습 전에 꼭 알아야 하는 업그레이드 기초 지식과 주의 사항을 소개하겠습니다.

08-1 HDD, SSD의 종류와 구매 시 주의할 점

컴퓨터 업그레이드에서 가장 많이 교체하는 부분은 바로 디스크입니다. 옛날에는 HDD(hard disk drive)만 있었기에 줄여서 '하드'라고 부르기도 했지만 이제는 SSD(solid state drive)가 더 많기 때문에 용어 구분을 정확히 해야 합니다. SSD는 종류가 많기 때문에 구매하기 전에 주의 사항도 반드시 확인해야 합니다.

하면 된다!♪ HDD와 SSD 구분하기   난이도 ★☆☆

1. 외형으로 구분하기

HDD는 보통 우리가 알고 있는 하드디스크입니다. SSD는 HDD보다 10배 정도 빠르며 요즘 PC에는 대부분 탑재되어 있습니다. HDD는 디스크를 회전하는 방식인데 반해 SSD는 플래시 메모리를 사용하는 반도체로 근본적인 작동 원리가 다릅니다.

함께 보면 좋은
동영상 강의

HDD   SSD

요즘에는 C 드라이브는 SSD,
D 드라이브가 있다면 HDD로
구성된 경우가 많습니다.

2. HDD는 크게 노트북용(2.5인치), 데스크톱용(3.5인치)이 있습니다.

3. SSD는 2.5인치, M.2 SATA, M.2 NVMe 세 종류가 많이 사용됩니다.

> 🔧 **2.5인치 HDD, SSD는 외형이 비슷한데 어떻게 구분하나요?**
>
> 일단 단면의 차이가 확연합니다. HDD, SSD 둘 다 제품 사양 스티커가 붙은 면이 있지만 HDD의 한쪽 면은 회로 기판, SSD는 깔끔한 형태가 많습니다. 그리고 각 제품 사양 정보에서 SSD, HDD의 글자로 구분하거나 모델명을 검색하여 구분할 수도 있습니다.
>
>
>
> SSD   HDD
>
>
>
> SSD   HDD

Q **M.2 SATA와 M.2 NVMe는 무슨 차이이고 어떻게 구분하나요?**

SATA는 홈이 2개, NVMe는 홈이 1개인 것이 큰 특징이며, NVMe가 더 최신 기술이 탑재되어 조금 더 빠르고 가격이 높습니다.

M.2 SATA   M.2 NVMe

4. 윈도우에서 구분하기

앞의 방법은 디스크를 눈으로 직접 봐야 하지만 윈도우 기능으로도 쉽게 확인할 수 있습니다.

바탕화면에서 Ctrl + Shift + Esc 를 눌러 [작업 관리자]를 열고 [성능] 탭에서 디스크 부분을 확인하면 됩니다. 저의 경우 C 드라이브는 SSD, D 드라이브는 HDD입니다. C 드라이브가 HDD라면 SSD로 업그레이드하기를 적극 권장합니다.

함께 보면 좋은
동영상 **강의**

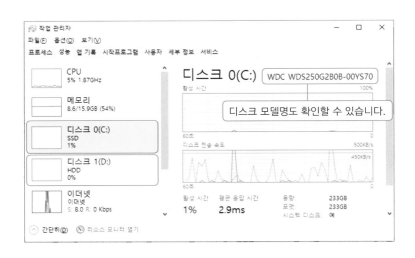

디스크 모델명도 확인할 수 있습니다.

하면 된다!▸ SSD 구매 전 확인하기

난이도 ★★☆

1. 디스크 크기, 가이드, SATA 케이블 확인하기

SSD는 잘못 구매하면 호환되지 않거나 아예 장착되지 않을
수도 있으므로 철저히 확인해야 합니다. 일단 3.5인치 HDD
는 데스크톱에만 장착됩니다.

함께 보면 좋은
동영상 강의

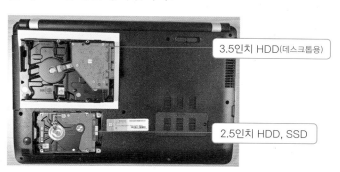

3.5인치 HDD(데스크톱용)

2.5인치 HDD, SSD

2.5인치 HDD, SSD는 크기가 작
아 데스크톱에 장착할 때는 가
이드에 끼워 장착해야 합니다.

SSD로 업그레이드할 때, 기존 HDD도
사용하고 싶다면, SATA 케이블도 추가
로 구매하여 연결해야 합니다. CD롬
을 사용하지 않으면 해당 SATA 케이
블을 뽑아 사용해도 됩니다.

08 · 컴퓨터 업그레이드 이해하기   281

요즘 데스크톱은 M.2 SSD 슬롯이
있어 손쉽게 장착할 수 있습니다.

2. 노트북 디스크 슬롯 및 호환성 확인하기

노트북은 아예 2.5인치 디스크 슬롯이 없을 수 있으므로, 제조사에 문의하거나 직접 분해하여 확인해야 합니다. 또한 M.2 SSD 슬롯 유무와 SATA, NVMe 호환성도 확인해야 합니다. 14인치 이하 노트북은 2.5인치 디스크 슬롯은 물론, 외부 슬롯 덮개가 없어 하판을 전체 개봉해야 하는 경우가 많습니다.

2.5인치
디스크 없음

M.2 슬롯

3. M.2 SSD 타입 및 호환성 확인하기

앞서 강조했지만, M.2 SSD가 메인보드와 호환되지 않으면 인식되지 않을 수 있습니다. 다음과 같이 메인보드의 NVMe 슬롯에는 SATA, NVMe 모두 장착되긴 하지만, 결국 한 종류만 인식되는 경우도 있어서 반드시 제조사를 통해 호환성을 확인하고 구매하는 게 좋습니다.

NVMe SSD(홈 모양은 맞지만 초기 모델은 인식되지 않을 수 있음)

SATA SSD(홈 모양은 다르지만 장착 가능, 대부분 인식되지만 드물게 인식되지 않을 수 있음)

4. M.2 SSD 길이 확인하기

M.2 SSD의 길이는 다음과 같습니다. M.2 SSD의 폭은 22mm이고, 높이는 30mm~110mm로 다양한데 거의 2260, 2280 모델이 많이 사용됩니다. 메인보드의 슬롯 길이는 슬롯에서 나사까지 거리로 직접 측정해도 되고, 제조사에 문의해도 좋습니다.

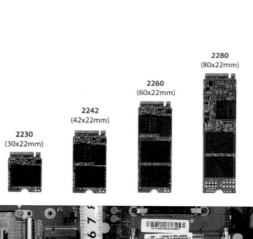

22110
(110x22mm)

2280
(80x22mm)

2260
(60x22mm)

2242
(42x22mm)

2230
(30x22mm)

권장 용량은 사용자마다 다르겠지만 메인 PC라면 500GB 이상을 권장합니다. 250GB 이하는 사용하다 금방 부족해질 수 있습니다.

M.2 SSD 2260 모델입니다.
(폭 22mm 고정, 높이 60mm)

08-2 RAM의 종류와 구매 요령

SSD 다음으로 가장 많이 업그레이드 하는 부품은 RAM(random access memory)입니다. RAM도 SSD만큼 종류가 많기 때문에 반드시 구매하기 전에 기초 지식과 주의 사항을 확인해야 합니다.

하면 된다!▶ RAM의 점유율과 용량 확인하기　　　　　　난이도 ★☆☆

1. RAM은 실행된 프로그램의 개수나 사양만큼 메모리를 점유합니다. 그래서 워드, 인터넷, 게임 등 여러 프로그램을 실행했을 때 컴퓨터가 느려진다면 RAM 용량이 부족해서 그럴 수 있습니다. Ctrl+Shift+Esc를 눌러 [작업 관리자]를 열었을 때 [메모리] 점유율이 90% 이상이라면 업그레이드를 적극 권장합니다.

함께 보면 좋은
동영상 **강의**

2. [성능] 탭을 누르고 메모리의 총 용량을 확인해 보세요. 8GB 이하라면 16GB로 업그레이드하기를 권장합니다. 물론 업무 특성상 32GB~128GB, 그 이상도 필요할 수 있습니다.

RAM도 SSD만큼 까다롭지만 가장 쉬운 방법은 똑같은 것을
구매하는 것입니다. 예를 들어 기존에 삼성 8GB RAM을 사
용한다면 똑같이 삼성 8GB RAM을 구매하면 되지만, 그밖에
도 꼭 알아야 할 주의 사항이 있으니 천천히 익혀 보세요.

함께 보면 좋은
동영상 강의

1. 데스크톱용과 노트북용 RAM 차이 확인하기

일단 길이 차이가 확연합니다. 반드시 데스크톱용인지, 노트
북용인지 꼭 확인하세요.

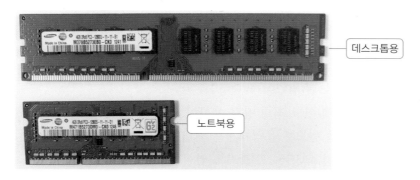

데스크톱용

노트북용

2. RAM 제조사 통일하기

RAM을 2개 이상 장착한다면, 가능하면 같은 제조사의 RAM으로 통일하는 것이 좋
습니다. 1개씩만 장착했을 때는 문제가 없더라도, 2개 이상 혼합 장착하면 간혹 부
팅이 되지 않거나 제 성능을 내지 못하는 경우가 있습니다.

SK 하이닉스

삼성전자

3. 같은 용량으로 통일하기

RAM을 2개 이상 장착한다면, 서로 같은 용량으로 통일하는 것이 좋습니다. 서로 다른 용량이라면, 제 성능을 내지 못하거나 불안정해질 수 있습니다. 그래서 가능하면 [4GB * 2개 = 8GB] 또는 [8GB * 2개 = 16GB]와 같이 맞추는 게 좋습니다.

> **Q** 기존 4GB를 버리고 8GB를 2개 구매하기는 아까운데, 그냥 4GB + 8GB로 사용하면 안 되나요?
>
> 그래도 됩니다. 그나마 용량 문제는 제조사 혼합 문제보다 위험이 낮은 편이므로, 혹시 문제가 생긴다면 그때 8GB RAM 2개로 통일하는 것도 좋습니다. 하지만 나중에 기존 RAM이 단종되어 클럭 수가 더 높은 RAM을 추가하면 낮은 클럭 수(기존 RAM 사양)로 하향 평준화됩니다.

4. 메인보드 최대 인식 가능 용량 확인하기

대용량의 RAM을 장착하고 싶어도 최대 용량 제한이 있어 그 이상 인식되지 않을 수 있습니다. 과거의 32비트 윈도우 운영체제는 최대 4GB까지 인식됐지만, 현재는 거의 64비트를 사용하여 128GB~2TB까지도 인식할 수 있습니다. 하지만 윈도우보다 메인보드별 용량 제한에 걸리는 경우가 많아서, RAM을 추가 구매하기 전에 해당 메인보드의 상세 정보를 꼭 확인해야 합니다.

모델명	GIGABYTE G5 MD Gen11 i5
운영체제	Free Dos
CPU	11th Gen Intel® Core™ i5-11400H (2.7GHz~4.5GHz)
디스플레이	39.6cm(15.6형) FHD 144Hz 광시야각 눈부심 방지
저장장치	512Gb PCIe - NVMe SSD (M.2)
시스템 메모리	16GB (8GBx2) DDR4 3200MHz / 2개 SODIMM 최대 64GB, 듀얼채널지원
그래픽	NVIDIA® GeForce RTX™ 3050 Ti GDDR6 4GB

그래도 16GB까지는 대부분 인식되며, 업무나 게임용으로도 무난한 용량입니다.

5. DDR 규격 표준 확인하기

컴퓨터 기술이 발전하며 RAM의 성능도 계속 진화했는데, 큰 변화를 맞을 때마다 DDR(double date rate) 규격의 버전이 올라가고 칩 부분의 홈 위치도 바뀌었습니다. 그래서 메인보드마다 호환되는 DDR 규격이 다르기 때문에, 이 부분도 반드시 확인

해야 합니다. DDR 규격이 맞지 않으면 메인보드
에 장착되지 않으며, 무리하게 시도하면 크게 파
손될 수 있습니다.

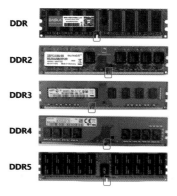

6. 해당 DDR 버전은 메인보드의 RAM 슬롯 주변에서 확인할 수 있습니다.

7. 또는 메모리에 부착된 스티커에서도 확인할 수 있는데 [DDR + 숫자]가 아닌
[PC + 숫자]만 적혀 있다면, [DDR2 = PC2], [DDR3 = PC3], [DDR4 = PC4]라고
이해하면 됩니다.

8. RAM 클럭 수 및 대역폭 확인하기

RAM은 DDR 버전이 같더라도 속도가 더 향상된 버전이 계속 출시되는데, RAM에 기입된 클럭 수 또는 속도를 통해 확인할 수 있습니다. 2개 이상의 RAM을 장착하면 낮은 속도의 RAM에 맞춰집니다. 예를 들어 2개의 RAM [PC4-19200]과 [PC4-25600]을 장착하면 둘 다 [PC4-19200] 속도로 통일되므로, 더 높은 속도의 RAM이 아깝게 되는 것이죠. 클럭 수가 서로 달라도 큰 문제는 없지만, 결국 고성능 RAM이 제 성능을 못 내므로 가능한 한 같은 속도로 맞춰야 좋습니다.

속도(19200 MB/s)
= I/O 동작 클럭(2400 Mhz) * 8(Bytes)

9. 저전력 여부 확인하기

DDR 뒷부분에 'L'이 써 있는 모델도 있는데 이는 저전력 RAM을 말합니다. 보통 일반적인 RAM은 1.5V에서 정상 작동을 하고 저전력 RAM은 1.35V에서 작동합니다. 따라서 저전력 RAM 전용 메인보드(1.35V)에 일반 RAM(1.5V)을 장착하면 인식되지 않으니, 구매 전에 저전력 여부도 반드시 확인해야 합니다.

내용이 어렵다면, 메인보드나 기존 RAM과 같은 버전을 구매하는 게 안전합니다.

모델명에 'L'이 있어야 저전력 RAM입니다.

앞에서도 RAM의 사양을 확인하고 비교하는 방법을 알아
봤지만, 결국 PC를 분해해야 하기 때문에 번거로울 수 있
습니다. 이럴 때 CPU-Z 무료 프로그램(cafe.naver.com/
msooriya/1934)을 사용하면 쉽고 편하게 확인할 수 있습니다.

함께 보면 좋은
동영상 **강의**

1. 상단의 [Memory] 탭을 누르면 DDR 버전 및 용량을 확인
할 수 있습니다.

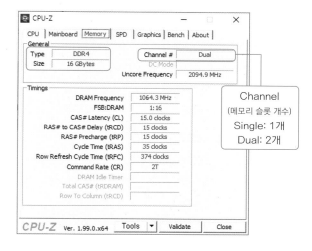

2. [SPD] 탭에서 RAM 슬롯 개수와 슬롯별 RAM 정보도 확인할 수 있습니다.

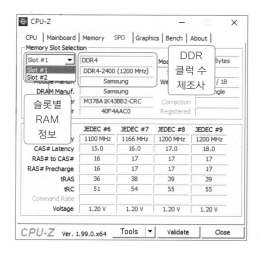

08-3 내장, 외장 그래픽 카드의 종류와 구매 요령

컴퓨터로 일반 업무(엑셀, 워드, 인터넷 등)만 한다면 내장 그래픽만 사용해도 큰 어려움이 없겠지만, 고사양 업무(디자인, 영상, 3D 관련)나 게임 등은 실행조차 안 되거나, 화면이 깨지거나, 속도가 느려지는 등의 문제가 발생합니다.

물론 외장 그래픽 카드를 사용하고 있어도 해당 프로그램에 비해 사양이 낮다면 문제가 생길 수 있습니다. 이럴 때 고사양 그래픽 카드로 교체하면 크게 개선되는데, 그만큼 전력 발생도 높아져 파워 서플라이도 함께 교체해야 하는 경우가 많습니다. 그래서 이번에는 그래픽 카드를 구분하는 방법과 구매하는 요령을 알려 드리겠습니다.

⚙️ **노트북은 외장 그래픽 교체나 추가를 어떻게 하나요?**

노트북은 외장 그래픽 교체나 추가가 어렵습니다. 외장 그래픽 카드가 장착된 케이스를 USB로 연결하는 방법도 있지만 공간 효율, 휴대성, 발열, 소음, 비용 등의 문제로 데스크톱을 사용하는 게 더 합리적일 것입니다.

하면 된다!> 내장, 외장 그래픽 카드 구분하고 모델명 확인하기 　난이도 ★☆☆

1. 외형으로 구분하기

내장 그래픽 카드는 CPU에서 출력되는 기능이므로 메인보드와 일체형이고, 외장 그래픽 카드는 메인보드 PCI 슬롯에 별도로 장착되어 쉽게 구분할 수 있습니다.

함께 보면 좋은
동영상 **강의**

내장 그래픽 　　외장 그래픽

2. 내부를 봤을 때도 내장 그래픽 포트는 메인보드와 일체형이고, 외장 그래픽 카드는 노란색 PCI 슬롯에 장착된 모습을 확인할 수 있습니다.

3. 외장 그래픽 카드를 뽑으면 다음과 같은 모습입니다.

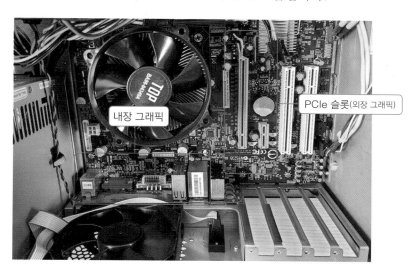

4. 모델명은 외장 그래픽 카드에 부착된 제원 스티커에서 확인할 수 있습니다. 외장 그래픽 카드는 기종, 제조사마다 외형이 서로 다릅니다.

구형 PC의 보급형
외장 그래픽 카드

중급형 외장 그래픽 카드

5. 윈도우에서 구분하기

그래픽 카드 구분과 사양 확인을 위해 PC를 분해하는 게 번
거롭다면, 윈도우 화면에서 쉽게 확인해 보세요. ⊞+X를 누
르고 [장치 관리자]를 실행한 뒤에 [디스플레이 어댑터]를 더
블클릭하여 아래로 펼칩니다. 여기서 보통 'Intel'이 포함된
것은 내장 그래픽이고, 'NVIDIA' 또는 'AMD'가 포함된 것은
외장 그래픽 카드로 보면 됩니다.

함께 보면 좋은
동영상 강의

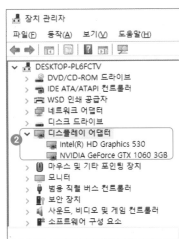

하면 된다!♪ 외장 그래픽 구매 요령

난이도 ★★☆

1. 그래픽 카드의 용어와 의미 이해하기

외장 그래픽 카드를 구매하기 전에 용어를 알아야 합니다. 그래픽 카드의 핵심 부품인 GPU 칩을 만드는 회사는 Intel, NVIDIA, AMD 등이 있는데 Intel은 내장 그래픽 카드를, NVIDIA와 AMD는 외장 그래픽 카드를 생산합니다. 또 NVIDIA는 GPU의 브랜드로 GeForce를, AMD는 Radeon을 사용합니다. 그 뒤의 문자는 등급과 세대, 성능을 의미합니다. NVIDIA GeForce의 등급은 GT < GTS < GTX < RTX 순으로 좋으며, AMD Radeon은 Ryzen 3 < 5 < 7 < 9순으로 좋아집니다.

함께 보면 좋은
동영상 강의

2. NVIDIA와 AMD 중 어떤 게 좋을까?

이 부분은 '삼성이 좋나요, LG가 좋나요?'처럼 사용자 의견이 분분하여 제가 정의하기는 어려운 문제입니다. 그래도 NVIDIA는 가격이 높고 소음이 적은 편이며 호환성, 최적화가 잘 되어 있다고 보는 의견이 많고, AMD는 가성비는 좋지만 전력 소모, 소음, 안정성 등이 아쉽다는 의견이 있습니다. 먼저 자신에게 필요한 사양과 라인업을 확인하고 예산에 맞게 선택하면 좋을 것 같습니다.

3. 어떤 성능으로 업그레이드해야 할까?

성능은 높을수록 좋지만, 최고 사양 그래픽 카드는 몇 백만 원까지도 하니 부담이 매우 클 수 있습니다. 내가 사용하는 프로그램의 권장 사양을 확인해야 하는데 보통 공식 홈페이지에서 확인할 수 있습니다.

게임의 경우, 내부 설정을 통해 품질을 낮춰 필요 사양을 타협할 수 있습니다. 또한 외장 그래픽 카드 2~3개로 직접 플레이한 영상이나 후기 등을 찾아 보면 도움이 됩니다.

항목	최소 사양	권장 사양	리마스터 사양	울트라 모드 사양
프로세서	Intel Core i3	Intel Core i5	Intel Core i7-8700	Intel Core i7-8700K
하드디스크	41GB 이상		41GB 이상	
메모리	4GB RAM	8GB RAM	16GB RAM	32GB RAM
그래픽 카드	GTS 250 GeForce 9800 GTX Radeon HD 3870 X2	NVIDIA GTX 970 AMD RX 480	GeForce GTX1070 8GB	GeForce GTX1080ti 11GB
운영체제	32비트 또는 64비트의 윈도우 10		32비트 또는 64비트의 윈도우 10	

게임의 권장 사양 예시

4. PC 호환성 확인하기 I(PCIe 버전)

NVIDIA와 AMD 외장 그래픽 카드는 대부분의 메인보드에 장착되고 호환됩니다. 주요 성능(부스트 클럭, 메모리 종류, 용량)이 높으면 높을수록 좋겠지만, 메인보드의 PCI Express(PCIe) 버전과 맞지 않으면 낮은 버전의 속도로 통일됩니다. 만약 메인보드는 PCIe 3.0인데, 외장 그래픽 카드가 4.0이라면 3.0으로 낮아져 최대 성능을 발휘하지 못하니 꼭 참고하세요. 내 PC의 PCIe 버전은 CPU-Z 프로그램의 [Mainboard] 탭에서 쉽게 확인할 수 있습니다.

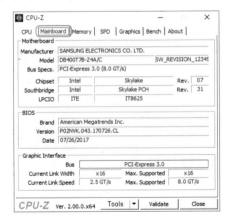

5. PC 호환성 확인하기 II(파워 서플라이 커넥터)

사양이 높은 외장 그래픽 카드는 보조 전원 포트가 있는데, 파워 서플라이 커넥터 핀의 개수가 맞아야 합니다. 6핀이면 그대로 꽂고, 8핀이면 6+2핀으로 꽂아야 합니다. 10핀, 12핀이라서 파워 서플라이 커넥터가 부족하다면, 보통 오래된 모델이거나 용량이 적은 경우일 텐데, 298쪽에서 파워 서플라이의 권장 용량과 구매 요령을 참고하여 파워 서플라이를 교체하는 것이 좋습니다.

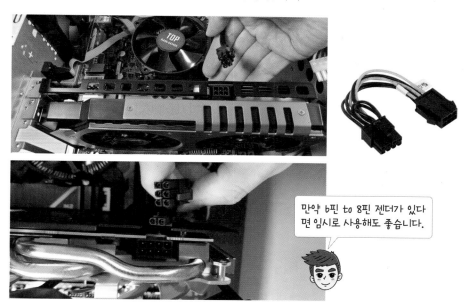

만약 6핀 to 8핀 젠더가 있다면 임시로 사용해도 좋습니다.

6. 외장 그래픽 카드 및 본체 내부 크기 확인하기

슬림형 PC가 아닌 일반 PC라면, 외장 그래픽 카드가 장착될 공간은 있지만 다른 부품이나 포트가 겹쳐 한쪽을 포기하거나 타협해야 하는 경우가 있습니다. 다음과 같이 PCI 슬롯 1개, PCIe 슬롯 1개, SATA 포트 2개를 못 쓸 수 있으니, 구매 전에 꼭 확인해야 합니다.

실제 꽂히는 부분

가려지는 부분

가려지는 부분

7. CPU ↔ GPU 성능 차이 확인하기

모든 호환성이 충족됐어도 외장 그래픽 카드에 비해 CPU 성능이 너무 낮다면 병목 현상으로 인해 제 성능을 발휘하지 못할 수 있습니다. 쉽게 말해서, 너무 오래된 컴퓨터에 그래픽 카드만 업그레이드하면 효율이 떨어진다는 것이죠. 예를 들어, [CPU: Intel Core i5-6600]에 [GPU: NVIDIA GeForce GTX 1060 3GB]를 장착하면 약 15% 정도의 효율이 감소하는데, 최대한 10% 이하를 유지해야 좋습니다. 수치 계산은 카페 게시판(cafe.naver.com/msooriya/2074)에서 간단히 확인할 수 있습니다.

10년 이상 된 PC는 업그레이드보다 신제품을 구매하는 걸 권장드립니다.

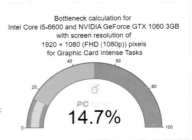

Intel Core i5-6600 is too weak for NVIDIA GeForce GTX 1060 3GB on 1920 × 1080 pixels screen resolution for Graphic Card Intense Tasks.

This configuration has **14.7%** of processor bottleneck .

When playing games your graphic card won't perform on maximum possible performances (won't be utilized to the maximum), because you processor won't process and deliver data fast enough. This theoretically means that utilization of you processor will be on maximum and the potencial of graphic card will not be completely used.

Bottleneck calculation for
Intel Core i5-6600 and NVIDIA GeForce GTX 1060 3GB
with screen resolution of
1920 × 1080 (FHD (1080p)) pixels
for Graphic Card Intense Tasks

14.7%

8. 외장 그래픽 카드 제조사 비교하기

모든 사양과 호환성까지 확인했다면 제조사만 결정하면 됩니다. NVIDIA, AMD는 GPU 칩만 생산할 뿐, 우리가 사용하는 실제 외장 그래픽 카드는 다른 제조사들(기가바이트, 조텍, 이엠텍, 에이수스 등)이 GPU 칩을 넘겨받아 각자의 개성(디자인, 쿨링 팬, 클럭 속도 등)으로 만드는 것입니다. 그래서 같은 사양의 외장 그래픽 카드라도, 제조사별 장단점이나 특징 등을 잘 비교해야 하는데, 이 부분도 사용자마다 견해가 다릅니다. 그래도 A/S, 가격, 안정성, 클럭 속도, 쿨링 성능, 소비 전력, 디자인순으로 비교하면 도움이 됩니다.

* 참고할 만한 제조사별 비교 사이트: cafe.naver.com/msooriya/1956

9. 중고 제품 구매 시 주의사항

외장 그래픽 카드는 아무래도 비용 부담 때문에 중고로 구매하는 경우가 종종 있는데, 몇 가지 주의사항을 확인하는 게 좋습니다.

❶ **직거래 권장:** 사기 예방은 물론, 배송 중 파손 방지도 되며 제품 상태를 눈으로 직접 확인하기 좋습니다.

❷ **판매 글 내용 캡처:** 사기 대처 및 거래 전 후 이의 제기를 할 수 있는 증거가 됩니다.

❸ **PC방, 채굴용 제품 지양:** 장기간 사용 및 과부하 등으로 성능 저하, 소음 문제가 생길 수 있고, 담배 연기나 먼지 등으로 겉면부터 내부까지 끈적한 상태일 수 있습니다.

❹ **A/S 잔여 기간 및 봉인 씰 확인:** 무상 A/S 기간이 많이 남을수록 좋고, 봉인 씰이 뜯겨 있다면 유상 A/S도 거부될 수 있습니다.

❺ **국내 정품 여부 확인:** 국내 A/S는 국내 정품만 받을 수 있으니, 판매자에게 확인하거나 시리얼 넘버로 해당 회사에 확인할 수 있습니다.

❻ **구매 직후 테스트:** 3D Mark 또는 실제 게임 등으로 성능, 상태를 확인하고 1주일 정도는 지켜보는 게 좋습니다.

08-4 파워 서플라이의 종류와 구매 요령

파워 서플라이는 SSD, RAM, 그래픽 카드에 비해 매우 간단합니다. 크기나 호환성이 대부분 통일되어 있기 때문이죠. 다만 파워 용량(W)은 직접 확인하고 제조사도 비교해 봐야 합니다.

하면 된다!▶ 파워 서플라이 제원 확인 및 구매 요령   난이도 ★☆☆

1. 파워 서플라이는 전원 케이블에 연결할 수 있게 데스크톱 내부 뒷면에 장착되어 있고 제원 스티커를 통해 용량과 모델명 등을 확인할 수 있습니다. 파워 서플라이는 아직 소프트웨어로 확인할 수가 없어 PC를 직접 개봉하여 확인해야 합니다.

함께 보면 좋은
동영상 강의

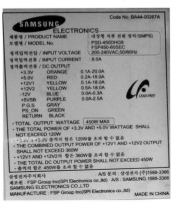

2. 파워 서플라이 구매 요령

사람도 힘에 비해 너무 무거운 걸 들지 못하듯, 그래픽 카드도 성능에 비해 파워 서플라이 용량이 적다면 PC 부팅 또는 프로그램 실행이 안 되거나, 프로그램이 꺼지거나, 제 성능을 발휘하지 못할 수 있습니다. 그래서 더 좋은 그래픽 카드로 업그레이드 한다면, 반드시 파워 서플라이도 용량에 맞게 교체해야 합니다. 이때 그래픽 카드마다 권장 서플라이 용량이 있는데, 자세히 보려면 카페 게시판(cafe.naver.com/msooriya/1801)을 참고해 보세요.

이때, 권장 용량은 그래픽 카드만을 사용했을 때가 기준입니다. 따라서 실제로 전력을 사용하는 다른 부품과 주변기기를 생각해 100W 이상 여유를 둔 파워 서플라이를 구매하는 것이 안전합니다.

다음 표는 일부이며, 카페 게시판에서 Ctrl + F 로 이름을 검색하면 빠르게 찾을 수 있습니다.

NVIDIA GeForce	용량	AMD Radeon	용량
GeForce GTX 2060	30A / 500W	Radeon RX 460	17A / 350W
GeForce GTX 1080ti	35A / 600W	Radeon R9 Fury X	34A / 600W
GeForce GTX 1080	30A / 550W	Radeon R9 Fury	33A / 600W
GeForce GTX 1070	26A / 500W	Radeon R9 Nano	28A / 550W
GeForce GTX 1060	22A / 450W	Radeon R9-390X	31A / 600W

파워 서플라이도 제조사가 다양한데 개인적인 추천은 어렵고, 인터넷에서 각 장단점이나 특징을 찾아 보면 좋습니다(시소닉, FSP, 델타, 마이크로닉스 등).

09

데스크톱 컴퓨터 업그레이드하기

앞에서 여러분의 PC 사양을 확인하고 어떤 부품을 교체해야 하는지 등을 배워 봤습니다. 그러면 본격적으로 업그레이드 실습을 진행해 보겠습니다.

PC 내부에 먼지가 가득하다면 에어 건 등으로 청소해야 내구성이나 잔고장 예방에 좋습니다. 이때 먼지가 많이 날리므로 반드시 야외에서 진행하세요. 도구는 전문가들이 쓰는 에어 컴프레셔가 확실하지만 너무 가깝게 쏘면 고장 위험이 있으니, 적당한 거리를 유지하는 게 좋습니다. 아니면 에어 스프레이(3,000원 내외)도 좋지만, 풍력이 부족해 에어 건(50,000원 내외)을 추천합니다.

주변에 오래된 PC가 있다면 꼭 도전해 보세요.

09-1 HDD를 SSD로 교체하고 추가 설치하기

이제 본격적으로 데스크톱의 HDD를 SSD(2.5인치, M.2)로 업그레이드해 보겠습니다. 기본적으로 모든 케이블을 제거하고 본체 옆면의 나사를 푼 다음, 덮개를 뒤로 밀어 내부가 보이게 개봉합니다.

나사를 분실하지 않게 종이컵 등에 담아 놓으면 좋습니다.

이렇게 해결할 거예요!
이미 확인해 보았다면 체크 표시 후 넘어가세요!

1. 기존 3.5인치 HDD 공간 확인하기(디스크 추가 장착 가능 여부) ☑

2. M.2 SSD 슬롯 유무 및 길이 확인하기 ☐

3. M.2 SSD 슬롯 타입 확인하기(SATA, NVMe) ☐

하면 된다!> 3.5인치 철제 가이드로 2.5인치 SSD 장착하기 난이도 ★★☆

1. PC 덮개를 제거한 다음, 기존 3.5인치 HDD가 장착된 HDD 케이스를 분해합니다. 나사를 풀고 케이스를 뒤로 밀면 빠집니다.

함께 보면 좋은
동영상 강의

2. 기존 3.5인치 HDD와 연결된 2개의 케이블을 모두 뽑습니다. 힘으로 뽑지 말고, 가운데 버튼을 누른 채 뽑으면 쉽게 빠집니다.

3. 2.5인치 SSD를 HDD 케이스에 장착해야 하는데 크기가 작아 맞지 않을 것입니다. 그래서 다음과 같은 철제 가이드(10,000원 내외)을 준비하여 장착해야 합니다. 철제 가이드에 2.5인치 SSD를 고정하되, 처음에는 나사 없이 살짝 끼운 상태로 HDD 케이스에 꽂아 SATA 포트의 방향이 맞는지, HDD 케이스 고정 나사의 홈이 맞는지 등을 확인해 보세요. 처음부터 다 조였는데 방향과 홈이 맞지 않으면 다시 풀어야 하는 불상사가 생길 수 있습니다.

4. 기존 HDD를 D 드라이브로 활용하려면, 여분의 SATA 케이블을 메인보드에 꽂고 기존 HDD와 연결합니다. 처음 꽂혀 있던 SATA 케이블은 2.5인치 SSD에 연결합니다. SSD에 연결되는 케이블은 메인보드의 [SATA_1] 포트에, HDD에 연결되는 케이블은 [SATA_2] 포트에 꽂는 게 좋습니다. SSD를 부팅하기 위함입니다.

5. 파워 서플라이에서 나온 전원 케이블을 2개의 디스크에 모두 꽂아 연결합니다. 참고로 전원 케이블은 1개지만, 보통 2가닥이 있어 디스크 2개를 동시에 연결할

수 있습니다. 디스크 1개만 사용한다면, 파워 서플라이와 가까운 커넥터를 사용하세요.

6. 모든 케이블을 연결했다면, HDD 케이스를 다시 본체에 조립하고 PC 덮개를 닫습니다. 새로 장착된 SSD에 윈도우를 설치하면 기존 HDD보다 10배 이상 빨라진 걸 체감할 수 있습니다. 윈도우 10 설치는 262쪽을 참고하세요.

하면 된다!〉 PCI 가이드로 2.5인치 SSD 장착하기　　　　난이도 ★★★

간혹 기존 3.5인치 HDD 케이스 내부 공간이 작아 2.5인치 SSD를 장착할 수 없는 경우가 있습니다. 이럴 때 PCI 가이드 (10,000원 내외)에 디스크를 장착해 PCI 슬롯에 꽂으면 됩니다.

함께 보면 좋은
동영상 **강의**

1. 기존 HDD 케이스에서 HDD를 떼고 케이블도 모두 뽑습니다. PCI 가이드에 2개의 디스크(3.5인치 HDD, 2.5인치 SSD)를

나사 없이 살짝 고정합니다. 기존 HDD 케이스는 필요 없지만 나중을 위해 보관하기를 권장합니다. 처음 상태로 다시 끼워 주세요.

처음부터 나사를 조이지 마세요!
SATA 포트 방향 확인과 나사
홈을 확인하고 PCI 슬롯에 장착
해 보세요.

올바른 장착 모습

맞지 않는 모습

2. PCI 가이드를 메인보드 아래쪽 PCI 슬롯 중 남는 부분에 장착합니다. 이것은 사실 PCI 슬롯에 직접 끼우는 게 아니라, 끝부분 철제 홈만 끼운 뒤 나사를 조여 고정하는 타입입니다. SATA 케이블과 전원 케이블을 모두 연결해 주세요.

디스크 SATA 포트가 이런 방향, 모양이 되야 합니다.

3. 디스크를 1개만 사용한다면 SATA 케이블을 메인보드 [SATA_1] 포트에 꽂으면 되고, HDD도 사용한다면 [SATA_2]에 꽂으면 됩니다. PC를 처음 상태로 다시 조립한 다음, 262쪽을 참고하여 SSD에 윈도우를 설치해 보세요.

1. PC를 개봉하여 M.2 SSD 슬롯이 있는지 확인합니다.

함께 보면 좋은
동영상 강의

2. 준비한 M.2 SSD를 장착합니다. 칩 부분을 밀어넣고 뒷면을 내린 다음 나사를 조여 고정합니다. SSD에 윈도우를 설치하여 마무리하면 됩니다.

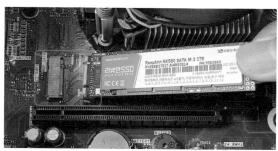

09-2 RAM 교체하고 증설하기

RAM 업그레이드도 데스크톱을 개봉한 상태에서 진행합니다. RAM은 이론적인 내용은 어렵지만 장착 과정은 SSD보다 매우 간단하고 쉽습니다. RAM의 홈 위치만 주의하면 됩니다.

하면 된다!ᐅ RAM 제거 및 장착하기   난이도 ★★☆

1. 데스크톱을 개봉한 뒤 RAM의 위치를 확인합니다. 양쪽 힌지를 양 옆을 눌러 벌린 뒤 RAM을 들어올려 뽑아 주세요.

함께 보면 좋은
동영상 강의

2. 새 RAM을 꽂을 때는 반드시 홈의 위치를 확인해야 합니다. 반대로 꽂으면 RAM은 물론 메인보드 슬롯도 망가질 수 있으니 꼭 확인하세요.

3. 홈의 위치가 맞다면 RAM을 수직으로 세우고, 양 끝을 두 손으로 눌러 '딸깍' 소리가 날 때까지 누릅니다.

4. 한 번 더 확인하기 위해 양 끝의 힌지를 안쪽으로 한 번씩 더 밀어 완료합니다.

09-3 파워 서플라이 교체하기

파워 서플라이 교체는 의외로 다른 부품에 비해 번거로울 수 있습니다. 어렵지는 않지만, 제거해야 하는 나사와 케이블도 많고 새 파워 서플라이를 연결할 때 케이블 위치 등이 헷갈릴 수 있기 때문입니다. 그래도 교체하기 전의 모습을 사진으로 남겨 두면 수월하게 진행할 수 있습니다.

이렇게 해결할 거예요!
이미 확인해 보았다면 체크 표시 후 넘어가세요!

1. 파워 서플라이 백패널 제거하기 ☑
2. 파워 서플라이 커넥터 분리하기 ☐
3. 새 파워 서플라이 연결하기 ☐

하면 된다!〉 파워 서플라이 커넥터 제거 및 장착하기   난이도 ★☆☆

1. 파워 서플라이는 기존 제품이 고장났거나, 그래픽 카드를 업그레이드할 때 교체하는 경우가 많습니다. 파워 서플라이가 고정된 본체 뒷면의 나사를 모두 풀고 철판 덮개를 빼주세요.

함께 보면 좋은 동영상 강의

2. 파워 서플라이 전원 커넥터 위치 확인하기

파워 서플라이를 본체에서 꺼내기 전에 다른 부품들과 연결된 모든 커넥터를 제거해야 하는데, 꽉 끼워져 있어 뽑기 힘들 수 있습니다. 그래도 너무 힘을 주지 말고 플라스틱 힌지를 누른 채 조심스럽게 흔들어 뽑으세요. PC마다 내부 구조가 달라 방법이 조금씩 다를 수 있으나, 모든 케이블을 제거하고 나중에 그대로 연결하면 됩니다.

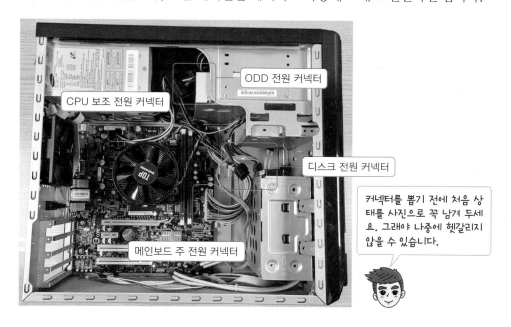

3. 메인보드 주 전원 커넥터 제거하기

커넥터를 뽑는 순서는 상관없지만 어려운 과정부터 진행해 보겠습니다. 메인보드에 주 전원을 공급하는 커넥터를 제거합니다. 가장 길고 두꺼운 만큼 제거하기 다소힘들 수 있습니다. 플라스틱 힌지를 누른 채 좌우로 조심스럽게 흔들어 뽑아 올리면수월합니다.

4. CPU 보조 전원 커넥터 제거하기

CPU에 보조 전원을 공급하는 커넥터를 제거합니다. 이 역시 플라스틱 힌지를 누른 채 좌우로 흔들며 뽑아 올립니다.

 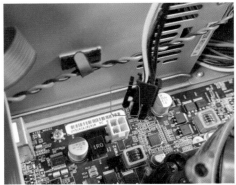

5. 쿨링 팬 전원 커넥터 제거하기

본체의 쿨링 팬과 연결된 IDE 커넥터를 제거합니다. 이번엔 힌지가 없으니 조금씩 흔들어 뽑습니다.

6. 디스크 전원 커넥터 제거하기

디스크에 연결된 커넥터를 제거합니다. 커넥터 앞쪽의 플라스틱 버튼을 누른 채 뽑아 올리세요. 위치 때문에 버튼이 잘 보이지 않는다면, 디스크를 탈착하여 요령을 익히는 게 좋습니다. 그래야 ODD 전원 커넥터도 제거할 수 있습니다.

SATA 케이블은 1가닥이 2갈래로 나뉘어 있어, 2개의 디스크에 모두 연결할 수 있는데, 디스크 1개만 연결한다면 파워 서플라이와 가까운 케이블을 연결해야 합니다.

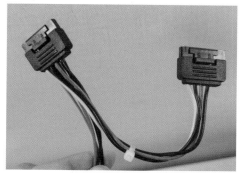

7. ODD 전원 커넥터 제거하기

ODD도 디스크 전원과 같은 커넥터가 연결되어 있지만 다른 갈래의 커넥터입니다. ODD 전원 커넥터 역시 앞면의 버튼을 누른 채 뽑아야 하는데, 위치상 눈에 보이지 않아 감으로 제거해야 합니다.

제거하기 어렵거나 손이 들어가지 않는다면 파워 서플라이부터 먼저 뺀 뒤에 공간을 확보해 보세요.

8. 외장 그래픽 카드 전원 커넥터 제거하기

고사양 외장 그래픽 카드는 전원 커넥터가 따로 있을 수 있는데 제거해 주세요.

전원 커넥터가 없는 저사양 외장 그래픽 카드

아래 버튼을 누른 채 뽑아 올려 주세요.

전원 커넥터가 있는 고사양 외장 그래픽 카드

9. 파워 서플라이 제거하기

파워 서플라이의 모든 커넥터가 제거됐다면 뒤쪽으로 빼서 완전히 제거합니다.

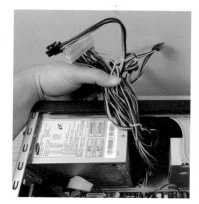 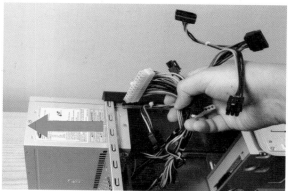

10. 새 파워 서플라이 장착하기

지금까지 제거했던 방법의 역순으로 진행하면 됩니다. 새 파워 서플라이를 장착하고 뒷면의 철판을 덮고 나사를 1~2개만 조입니다. 초기 불량이거나 향후 점검 과정에서 나사를 다시 풀어야 할 수 있습니다.

11. 새 파워 서플라이 커넥터 연결하고 뒷면 덮개 나사 체결하기

여러분들이 제거했던 모든 커넥터를 처음 상태로 연결해 주세요. PC 부팅을 확인하여 문제가 없다면 파워 서플라이 옆면 덮개를 나사로 모두 체결하여 완료합니다.

> ### 🔧 Q 케이블 정리는 어떻게 해야 좋을까요?
>
> 보기에 깔끔한 것도 중요하지만, 각종 쿨러와 부품에 닿지 않게 단단히 고정하는 게 더욱 중요합니다. 쿨러에 닿으면 소음은 물론 크게 고장 날 수 있으며, 부품에 닿으면 합선이나 화재의 원인이 될 수 있습니다. 따라서 케이블 타이를 이용해 최대한 벽 쪽으로 띄워서 고정하는 게 좋습니다. 다만 향후 유지보수를 위해, 케이블 타이를 너무 많이 쓰거나, 너무 꽉 조이지 않는 것을 권장합니다.

09-4 그래픽 카드 교체하고 드라이버 설치하기

그래픽 카드를 교체하기는 쉽지만, 윈도우에서 기존 그래픽 드라이브를 제거하고 새로 설치하는 과정도 필요합니다. 초보자는 생소할 수 있지만 결코 어려운 작업은 아니니 천천히 따라 하세요.

하면 된다! ᐟ 기존 그래픽 카드 드라이버 삭제하기   난이도 ★☆☆

이 과정이 생략되어도 큰 문제는 없지만, 기존 드라이버가 설치된 용량만큼 손해를 보기 때문에 삭제하는 게 좋습니다. 또 새 그래픽 카드를 장착하고 삭제하려면 방법이 복잡해지므로 기존 그래픽 카드를 뽑기 전에 미리 삭제해야 편합니다.

함께 보면 좋은
동영상 강의

1. ⊞+X를 누르고 [장치 관리자]를 클릭합니다.

2. [디스플레이 어댑터]를 더블클릭하여 펼치고 [기존 외장 그래픽 드라이버 → 마우스 오른쪽 클릭 → 디바이스 제거]를 클릭한 뒤 [이 장치의 드라이버 소프트웨어를 삭제합니다]를 선택하고 [제거]를 누릅니다.

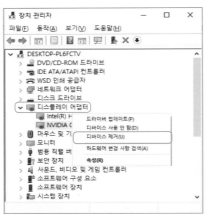

하면 된다!▶ 기존 그래픽 카드 제거 및 장착하기   난이도 ★★☆

1. PC를 개봉한 뒤에 기존 외장 그래픽 카드에 고정된 나사를 풀고, 이 부분을 들어올려 뽑아 줍니다.

함께 보면 좋은
동영상 **강의**

2. 본체 뒷면 PCI 패널 제거하기

새 그래픽 카드의 케이블 포트를 확인해 보세요. 보통 고사양 그래픽 카드는 포트가 2단이라서 본체 뒷면 PCI 패널도 2개를 사용해야 합니다. 그래서 막혀 있는 PCI 패널을 제거해야 하는데, 십자 드라이버를 꽂아 앞뒤로 흔들어 쉽게 제거할 수 있습니다.

고사양 그래픽 카드는 케이블 포트가 2단입니다.

막혀 있는 PCI 패널을 제거해야 합니다. 십자 드라이버를 넣고 밀어 주세요.

3. 새 그래픽 카드 장착하기

해당 슬롯이 확보됐다면 새 그래픽 카드를 수직으로 세워 꽂고 나사를 조여 고정합니다.

4. 마지막으로 파워 서플라이의 PCI 전원 커넥터를 그래픽 카드에도 꽂습니다. 이 과정이 누락된다면 PC를 부팅할 때 오류 화면이 뜨며 부팅되지 않을 수 있습니다. 이제 다음 실습을 통해 외장 그래픽 드라이버를 설치해 보세요. 드라이버를 설치하지 않으면 화면 해상도나 화질이 낮게 나올 수 있습니다. 또 듀얼 모니터라면 한쪽만 출력될 수 있습니다.

하면 된다!▶ NVIDIA 그래픽 카드 드라이버 설치하기   난이도 ★☆☆

완제품 형태인 브랜드 PC(삼성, LG, HP 등)는 제조사 홈페이지에서 PC 모델명을 검색하여 그래픽 드라이버를 내려받을 수 있지만, PC를 조립하거나 업그레이드할 때는 그래픽 카드 제조사 홈페이지에서 내려받아야 합니다. 이번 실습에서는 NVIDIA 기준으로, 다음 실습에서는 AMD 기준으로 간단히 소개하겠습니다. 저는 NVIDIA GeForce GTX 1060 기준으로 소개하지만, 여러분은 해당 모델에 맞게 진행하세요.

함께 보면 좋은
동영상 강의

1. NVIDIA 공식 홈페이지(www.nvidia.co.kr/Download/index.aspx?lang=kr)에 접속한 뒤 해당 그래픽 카드의 모델을 선택하고 [검색 → 다운로드 → 다운로드]를 눌러 설치 파일을 내려받습니다.

2. 내려받은 NVIDIA 그래픽 드라이버 설치 파일을 실행하여 계속 진행하고, 설치가 완료되면 PC를 재부팅하여 확인합니다.

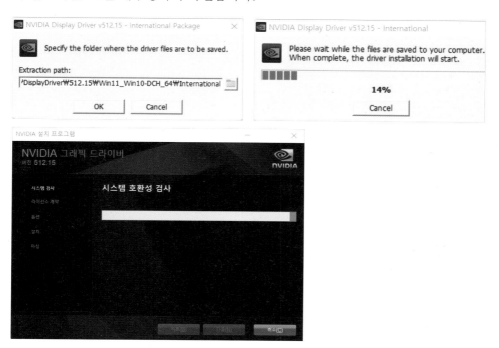

1. AMD 공식 홈페이지(www.amd.com/ko/support)에 접속합니다. 해당 그래픽 카드의 모델을 선택하고 [전송]을 클릭하고 [윈도우 버전 선택 → 다운로드]를 눌러 설치 파일을 내려받습니다. 저는 Radeon RX 580 기준으로 소개하지만, 여러분은 해당 모델에 맞게 진행해 주세요.

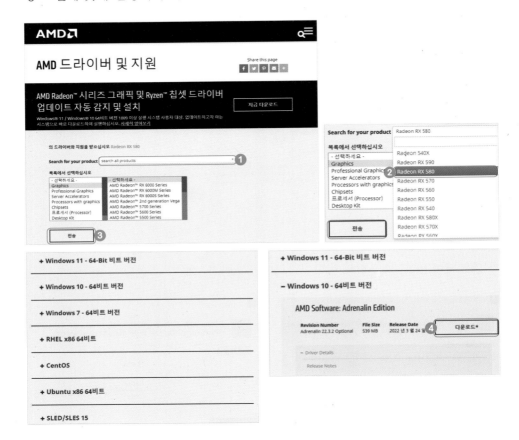

2. 내려받은 AMD 그래픽 드라이버 설치 파일을 실행하여 계속 진행하고, 설치가
완료되면 PC를 재부팅하여 확인합니다.

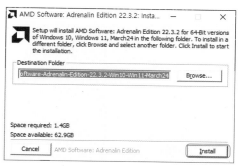

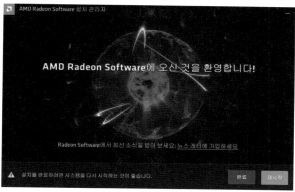

노트북
업그레이드하기

노트북 업그레이드는 거의 SSD, RAM 교체로 한정되므로 데스크톱보다 쉬운 편입니다. 하지만 노트북 하판에 디스크 또는 RAM 슬롯 덮개가 없다면, 하판 전체를 열어야 하므로 작업이 더 어려워집니다. 심지어 전문 해체 도구가 없다면 개봉 과정에서 미세한 흠집이 생길 수도 있습니다. 그래도 오래된 노트북이라면 도전해 보기를 추천합니다. 수리점에 맡기는 비용도 아낄 수 있고, 평생 노하우도 익힐 수 있으니까요!

10-1 HDD를 SSD로 교체하고 추가 설치하기

노트북의 SSD 업그레이드는 데스크톱보다 아주 간단할 수도, 아주 어려울 수도 있습니다. 노트북 하판에 2.5인치 디스크나 RAM 덮개가 따로 있다면 바로 개봉해서 작업하면 되니까요. 덮개가 따로 없다면 하판을 아예 개봉해야 하므로 난도가 크게 올라갈 수 있는데, ODD를 별로 사용하지 않으면 여기에 2.5인치 SSD를 장착할 수도 있습니다.

이렇게 해결할 거예요!
이미 확인해 보았다면 체크 표시 후 넘어가세요!

1. 2.5인치 디스크 또는 RAM 슬롯 확인하기 ☑

2. M.2 SSD 슬롯 여부, 개수, 타입 확인하기 ☐

하면 된다!〉 디스크 덮개 있을 때 2.5인치 SSD 장착하기   난이도 ★☆☆

1. 노트북 하판에 2.5인치 디스크 덮개가 별도로 있다면 소형 나사로 제거합니다.

함께 보면 좋은
동영상 **강의**

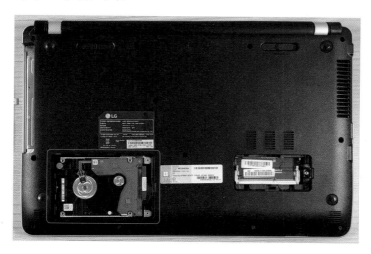

2. 드라이버 등을 이용해 2.5인치 HDD를 들어올리고 커넥터를 조심스럽게 뽑습니다. 힌지나 버튼이 따로 없으며 조심스럽게 힘주어 빼면 빠집니다.

3. 2.5인치 SSD를 커넥터에 다시 연결하고, 디스크 슬롯 덮개를 닫아 조립합니다. 해당 SSD에 윈도우를 재설치하면 됩니다.

하면 된다! ▶ ODD에 2.5인치 SSD 장착하기   난이도 ★★★

1. 주의사항 및 준비물 소개

하판에 2.5인치 디스크 슬롯이 없거나, 기존 HDD를 D 드라이브로 계속 쓰고 싶다면 ODD(=CD롬)에 2.5인치 디스크를 장착할 수 있습니다. 하지만 다음과 같은 멀티 부스트(10,000원 내외)가 있어야 2.5인치 디스크를 고정할 수 있습니다. 멀티 부스트를 장착하면 다음과 같은 USB 외장 ODD를 사용해야 하므로, 여러분의 ODD 활용 빈도를 꼭 고려하세요.

함께 보면 좋은
동영상 **강의**

CD를 자주 사용하는 환경이라면 이런 외장 ODD를 구비해 두세요!

2. 멀티 부스트는 해당 노트북의 ODD 높이에 맞는 제품을 준비해야 합니다. ODD 높이는 두 종류(9.5mm, 12.7mm)가 있는데, 높이가 맞지 않으면 두꺼워서 들어가지 않거나 너무 헐렁하게 됩니다.

멀티 부스트의 높이를 꼭 확인해 주세요!

높이 9.5mm   높이 12.7mm

3. ODD 높이 측정하기

ODD 고정 나사를 제거하여 꺼낸 다음, 안쪽 세로 면의(SATA 포트 쪽) 높이를 자로 직접 재보세요. 대략 9.5mm 또는 12.7mm로 측정될 것입니다.

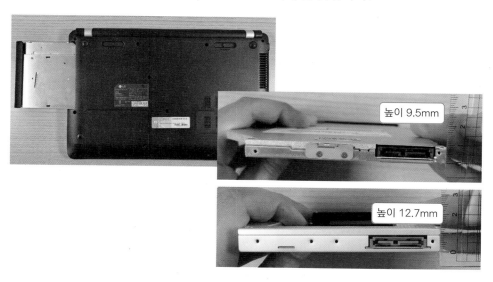

높이 9.5mm

높이 12.7mm

4. ODD 베젤 분리하기

멀티 부스트 구매 전에 반드시 기존 ODD의 베젤 분리를 시도해 보세요. 초보자는 이 과정에서 고정 핀이 부러지거나 포기할 수 있기 때문입니다. 베젤을 분리했다면 멀티 부스트를 준비하여 다음 과정으로 넘어가고, 너무 걱정된다면 다른 방법들을 권장합니다. 그래도 제가 사용하는 방법을 소개하겠습니다. ODD 열림 버튼 아래의 작은 구멍에 클립 등을 쑥 밀어 넣으면 트레이가 '톡' 하고 튀어나옵니다.

고정 핀이 부러졌다면 임시로 테이프를 붙여 고정해도 되지만 지저분할 수 있습니다.

5. 2가지 고정 핀을 풀 건데 윗부분은 손톱으로, 아랫부분은 시계 드라이버 등으로 조심스럽게 눌러 뽑으세요.

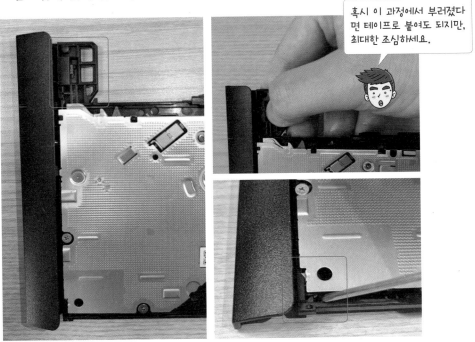

혹시 이 과정에서 부러졌다면 테이프로 붙여도 되지만, 최대한 조심하세요.

6. 멀티 부스트가 준비됐다면 안쪽의 디스크 고정 나사를 풀어 주세요. 보통 소형 드라이버가 동봉되어 있으니 활용하면 됩니다. 보통 소형 드라이버가 동봉되어 있어 사용하면 됩니다. 또한 고정 나사는 나중에 다시 고정해야 하므로, 아예 다 풀지 말고 나중에 SSD를 장착할 때 걸리지 않게끔 조금만 풀었다가 다시 조이면 편합니다.

7. SSD를 SATA 포트 위치에 맞게 장착하고, 처음에 살짝 풀었던 고정 나사를 다시 조입니다.

8. 기존 ODD에서 떼낸 베젤을 멀티 부스트에 장착합니다. 고정 핀 위치를 잘 확인하세요.

9. 완성된 멀티 부스트를 ODD 슬롯에 끼우고 고정 나사를 조여 완료합니다. 해당 SSD에 윈도우를 설치하면 됩니다. 뭔가 '틱' 하고 걸려 들어가지 않으면 멀티 부스트 고정 나사를 잘 조였는지 다시 확인하세요.

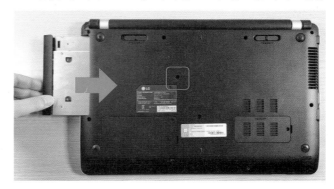

하면 된다!♪ 외부 덮개 있을 때 M.2 SSD 장착하기 난이도 ★☆☆

1. 노트북 하판에 M.2 SSD 외부 슬롯이 있다면 장착이 매우 편합니다. 덮개 고정 나사를 제거하여 열어 주세요. 노트북 기종에 따라 M.2 슬롯이 별도로 있을 수 있습니다.

함께 보면 좋은
동영상 강의

> M.2 SSD는 SATA 타입에는 NVMe가 장착되지 않고, 구형 모델은 NVMe 슬롯이 있어도 NVMe SSD가 인식되지 않을 수 있으니 반드시 구매 전에 제조사에 호환 여부를 확인해 보세요.

2. M.2 SSD를 비스듬히 밀어 넣고 뒤쪽을 내리고 고정 나사로 조이세요. 덮개를 달고 조립한 뒤 해당 SSD에 윈도우를 설치하면 됩니다.

1. M.2 SSD 외부 덮개가 따로 없다면, 하판을 개봉하여 메인 보드에 직접 장착해야 합니다. 전원 케이블과 배터리를 모두 뽑고 모든 고정 나사와 덮개, ODD를 제거합니다.

함께 보면 좋은
동영상 **강의**

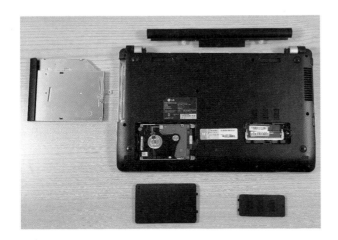

2. 2.5인치 디스크를 드라이버 등을 넣어 들어올리고 커넥터를 뽑습니다.

3. 얇은 해체 도구를 이용해 모서리 부분을 조금씩 벌리고, 거의 다 열었다면 하판을 들어 올려 완전히 빼냅니다. 전자기기 해체 도구를 '헤라'라고 하는데, 이게 없다면 플라스틱 자를 대신 써도 좋습니다. 단, 투명 테이프로 1~2바퀴 감아야 흠집을 방지할 수 있습니다. 또한 공간이 넓은 ODD 입구나 랜 포트 부분부터 개봉하면 수월합니다.

4. 메인보드의 M.2 SSD 슬롯에 비스듬히 꽂은 뒤 뒷면을 내려 나사로 고정합니다. 하판을 다시 조립하고 해당 SSD에 윈도우를 설치하면 됩니다.

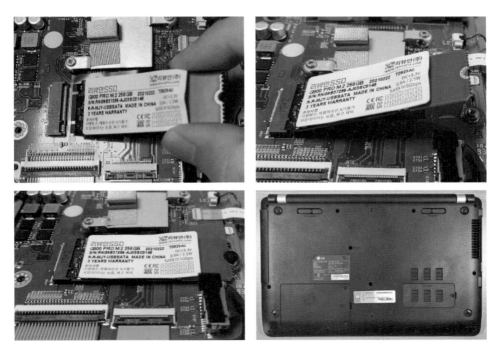

10-2 RAM 교체하고 추가 설치하기

RAM 교체도 SSD처럼 덮개가 따로 있다면 매우 간단합니다. 덮개가 없다면 하판을 개봉해야 하므로 난도가 크게 올라갈 수 있습니다.

이렇게 해결할 거예요!
이미 확인해 보았다면 체크 표시 후 넘어가세요!

1. RAM 외부 덮개 확인하기 ☑

2. 기존 RAM 분리하고 새 RAM 장착하기 ☐

하면 된다! 〉 외부 덮개 있을 때 RAM 추가 장착하기 난이도 ★☆☆

1. 다음과 같이 노트북 하판에 RAM 전용 외부 덮개가 있다면 나사를 풀고 덮개를 떼냅니다.

함께 보면 좋은
동영상 **강의**

2. RAM을 비스듬히 끼워 넣고 두 손가락으로 뒷면을 아래로 내리면 '딸깍' 하고 장착됩니다. RAM 덮개를 닫고 노트북을 부팅하여 RAM 용량을 확인해 보세요.

 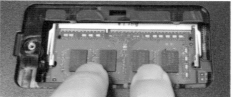

하면 된다!〉 하판 개봉해서 RAM 추가 장착하기 　　　난이도 ★★☆

1. RAM 전용 외부 슬롯이 없다면 노트북 하판을 개봉해 주세요.

함께 보면 좋은
동영상 **강의**

노트북 하판 개봉은 325쪽
'HDD를 SSD로 교체하고 추
가 설치하기'를 참고하세요.

2. RAM 슬롯에 비스듬히 끼워 넣고 뒷면을 두 손가락으로 꾹 누르면 '딸깍' 하고 장착됩니다.

1. 앞의 방법을 참고하여 RAM 슬롯을 열어 주세요. RAM 양
쪽의 힌지 2개를 손톱으로 동시에 양 옆으로 벌리면 RAM이
비스듬히 올라오며 쏙 뽑으면 됩니다. 힌지의 끝 부분이 아
닌, 중간 부분을 양 옆으로 벌리는 것이 조금 더 수월합니다.

함께 보면 좋은
동영상 **강의**

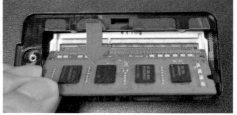

2. RAM을 RAM 슬롯에 비스듬히 끼워 넣고 뒷면을 두 손가락으로 내리면 '딸깍'
하고 장착됩니다. 모든 덮개를 다시 조립하고 PC를 부팅하여 RAM 용량을 확인해
보세요.

11

윈도우 설치 및 업그레이드에 관해 자주 묻는 질문

이번 장에서는 윈도우 설치 및 PC 업그레이드 관련하여 자주 묻는 질문에 대한 답변을 정리해 봤습니다. 대부분 큰 문제없이 해결되거나 편하게 진행할 수 있으니 천천히 확인해 보세요.

11-1 HDD를 SSD로 교체할 때 그대로 복제할 수 없나요?

가능합니다. 기존 HDD를 SSD로 교체하면 윈도우를 새로 설치해야 하고 각종 백업과 프로그램 설치, 설정도 새로 해야 하는데, 이 과정이 매우 번거롭고 오래 걸리기 때문에 디스크를 복제하는 게 더 **빠를** 수 있습니다.

복제 장치는 다양하긴 하지만, 디스크 2개를 동시에 꽂고 시작 버튼을 눌러 복제하는 형태가 일반적입니다.

하지만 구매 비용이 발생하고, 호환 문제나 기타 오류가 생길 수 있어 권장하지는 않습니다. 디스크까지 교체했다면 이 기회에 윈도우 설치 경험을 쌓고, 프로그램도 새로 설치해서 쾌적한 환경을 만드는 걸 추천합니다.

그래도 자세한 복제 방법을 원한다면 실습 영상을 참고해 보세요.

함께 보면 좋은 동영상 강의

복제보다는 새로 설치하는 걸 권장합니다.

11-2 SSD에 윈도우를 설치했는데 기존 HDD로 부팅됩니다

PC를 부팅할 때 운영체제가 남아 있는 기존 HDD가 먼저 인식되서 그렇습니다. 이럴 땐 BIOS의 디바이스 부팅 순서를 변경하여 SSD가 먼저 인식되게 하면 간단히 해결됩니다.

하면 된다! ♪ BIOS 디바이스 부팅 순서 변경하기   난이도 ★★☆

이 방법은 앞장에서 소개한 것처럼, 컴퓨터 전원을 켜고 부팅 단축키를 연타하여 BIOS 화면으로 진입한 다음, 부팅 순서를 변경해야 합니다. 자세한 내용은 99쪽 '01-8 컴퓨터 부팅 시 오류가 발생할 때 Ⅱ'를 참고해 주세요.

함께 보면 좋은 동영상 강의

11-3 윈도우를 설치한 후 D 드라이브가 보이지 않아요

SSD에 윈도우를 설치하고 기존 또는 새 HDD를 D 드라이브로 사용하는 경우 흔히 발생하는 문제입니다. 이 경우는 고장보다는 간단한 설정 문제가 많으니, 다음의 방법을 천천히 따라 해보세요.

> 편의상 'D 드라이브'라고 했지만, 다른 알파벳일 수 있습니다(E, F, G 등).

하면 된다! ▶ D 드라이브 활성화하기
난이도 ★★☆

1. ⊞+X를 누르고 [컴퓨터 관리]를 클릭합니다.

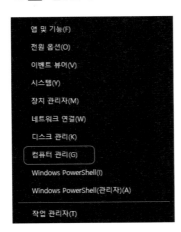

> 함께 보면 좋은
> 동영상 강의
>
>

2. 디스크 활성화하기(오프라인 상태 해결)

[컴퓨터 관리] 창의 왼쪽 [저장소 → 디스크 관리]를 누릅니다. 이때 해당 디스크가
[오프라인]이라면 [마우스 오른쪽 클릭 → 온라인]을 누르면 바로 해결됩니다.

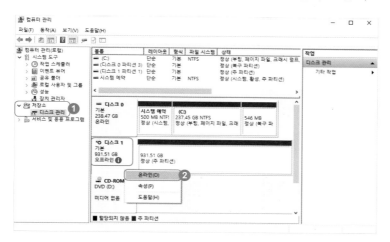

3. 디스크 활성화하기(할당되지 않음 상태 해결)

위와 달리 [온라인]이면서 [할당되지 않음] 상태라면 대부분 포맷했거나 새로 구매
한 디스크일 것입니다. 해당 디스크에서 [마우스 오른쪽 클릭 → 새 단순 볼륨]을 누
릅니다.

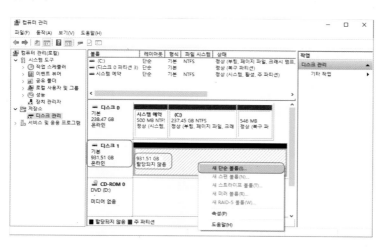

4. [단순 볼륨 만들기 마법사] 화면에서 [다음]을 눌러 계속 진행합니다.

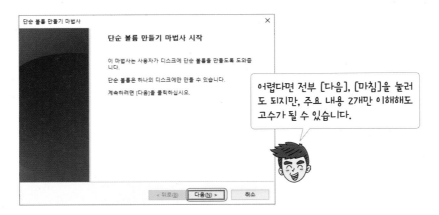

어렵다면 전부 [다음], [마침]을 눌러도 되지만, 주요 내용 2개만 이해해도 고수가 될 수 있습니다.

5. [단순 볼륨 크기]에는 내가 만들고자 하는 디스크 용량이 나타납니다. 일반적으로 파티션 1개만 사용하는 경우가 많으므로, 기본값인 전체 용량을 그대로 놓고 [다음]을 클릭해도 좋습니다.

2개 이상의 파티션으로 나누고 싶다면 MB 단위로 입력해야 하므로, 원하는 GB, TB 용량을 환산해야 합니다. 예를 들어, 500GB를 할당하고 싶다면 512,000MB를 입력해야 합니다(1TB = 1024GB, 1GB = 1024MB).

6. 원하는 드라이브 문자를 할당하고 [다음]을 클릭합니다. 지금까지 편의상 [D 드라이브]라고 소개했으나, 사실상 다른 문자만 가능한 경우가 많습니다. 일반적으로 [E], [F]를 추천합니다.

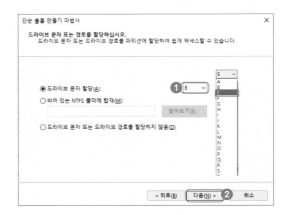

7. 다음 화면에서는 원하는 볼륨 레이블(드라이브 이름)을 입력해도 되지만, 기본값(새 볼륨) 상태로 [다음]을 클릭해도 좋습니다.

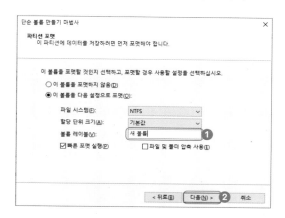

8. [마침]을 눌러 완료하면 탐색기에 E 드라이브가 생깁니다.

11-4 그래픽 카드 업그레이드 이후 오류 화면이 뜨며 부팅이 안 됩니다

외장 그래픽 카드를 교체하고 부팅했는데 다음과 같은 오류 화면이 뜬다면, 파워 서플라이의 PCIe 보조 전원 커넥터를 외장 그래픽 카드에 꽂지 않아 생기는 경우가 많습니다. 기존에 사용하던 외장 그래픽 카드에 PCIe 보조 전원 포트가 없었다면 놓칠 수 있는 부분이죠.

```
PLEASE POWER DOWN AND CONNECT THE PCIe POWER CABLE(S) FOR THIS GRAPHICS CARD
```

하면 된다!▶ 외장 그래픽 카드 PCIe 보조 전원 커넥터 연결하기 난이도 ★☆☆

파워 서플라이의 PCIe 보조 전원 커넥터를 외장 그래픽에 연결하고 다시 부팅해 보세요.

11-5 업그레이드 이후 모니터 화면이 안 나옵니다

이 문제는 거의 RAM이나 외장 그래픽 카드의 접촉 불량, 호환성 오류, 제품 불량인 경우가 많은데, 점검 방법을 간단히 소개하겠습니다.

하면 된다!〉 모니터 오류 대처하기   난이도 ★☆☆

1. 모니터 입력 모드 설정 변경하기

모니터의 입력 버튼을 눌러 D-SUB, DVI, HDMI, DP 케이블에 맞게 변경해 보세요.

함께 보면 좋은
동영상 강의

2. RAM 이물질 제거하고 재장착하기

RAM을 뽑아 주변을 청소하고 RAM의 칩 부분을 지우개로 닦아 다시 꽂아 보세요.

함께 보면 좋은
동영상 강의

3. 외장 그래픽 카드 이물질 제거하고 재장착하기

외장 그래픽 카드를 뽑아 주변을 청소하고 칩 부분을 지우개로 닦아 다시 꽂아 보세요.

함께 보면 좋은
동영상 **강의**

4. RAM 호환성 확인하기

새 RAM을 장착했다면 호환성을 다시 확인해 보세요. 특히 기존 RAM과의 저전력 여부(L 표시) 또는 제조사가 서로 다를 경우 부팅되지 않을 수 있습니다.

함께 보면 좋은
동영상 **강의**

> ⚙ **듀얼 모니터를 쓰는데 한쪽만 나오고, 한쪽은 안 나와요.**
>
> 대개 그래픽 드라이버를 설치하지 않은 경우입니다. 320쪽을 참고하여 설치해 보세요.

11-6 부팅할 때마다 운영체제 선택 화면이 나타나요

이번 문제는 흔한 경우는 아닙니다. 1개의 디스크에 윈도우가 2개 이상 설치되어 있을 때 발생하기 때문입니다. 컴퓨터 입장에서는 사용자가 원하는 윈도우를 부팅하게끔 선택받아야 하므로, 다음과 같은 화면을 띄우게 됩니다.

저의 경우, 업무상 여러 가지 운영체제가 필요해서 항상 수동으로 선택하지만, 그렇지 않다면 다음의 선택 화면이 뜨지 않게 할 수 있습니다.

하면 된다!▶ 운영체제 선택 화면이 나타나지 않게 하기　　　　　난이도 ★★☆

1. [⊞]+[X]를 눌러 [시스템]을 클릭하고 오른쪽 맨 아래에 있는 [고급 시스템 설정]을 클릭합니다.

2. [시스템 속성] 창 상단의 [고급] 탭으로 이동한 뒤 [시작 및 복구 → 설정]을 누릅니다.

3. 원하는 기본 운영 체제를 선택하고 [운영 체제 목록을 표시할 시간] 체크를 해제한 상태에서 [확인]을 누릅니다. 부팅 시 선택 화면이 뜨지 않고 윈도우 10으로 자동 실행됩니다. 운영체제가 같아 헷갈린다면 하나씩 부팅해서 찾아보는 게 가장 빠릅니다.

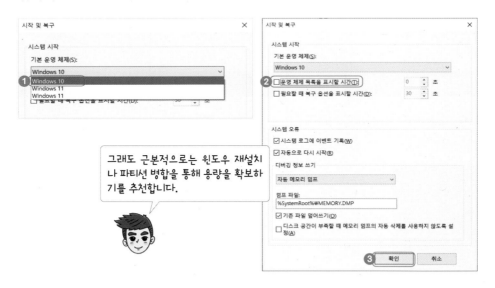

그래도 근본적으로는 윈도우 재설치나 파티션 병합을 통해 용량을 확보하기를 추천합니다.

한글

마케팅, 업무 활용 무엇이든

된다! 시리즈
구체적으로 도와주는 책

된다! 네이버 블로그 상위 노출

내 글이 네이버 메인에 뜬다!
블로그 만들기부터 인플루언서 되기까지
꾸준히 검색되는 콘텐츠 글쓰기 기술

황윤정 지음 | 16,500원

된다! 실무 엑셀 파워포인트
워드&한글

기업, 관공서 20년 특강 노하우를 담았다!
진짜 실무를 알려 주는 오피스 프로그램 입문서!

한정희, 이충욱 지음 | 30,000원

된다! 귀염뽀짝 이모티콘 만들기

나는 내가 만든 이모티콘으로 카톡한다!
카톡, 라인, 네이버에 승인받는 영업 비밀 공개!

정지혜 지음 | 15,000원

된다! 7일 실무 엑셀

일주일이면 기초 떼고
VLOOKUP과 피벗 테이블까지!
'짤막한 강좌' 한쌤의 특별 과외!

한정희 지음 | 20,000원

된다! 스마트 워크를 위한
구글 업무 활용법

똑똑하게 일하는 사람의 비밀!
지메일 사용법부터 구글 드라이브, 크롬 보안까지!

이광희 지음 | 18,000원

된다! 하루 5분 노션 활용법

4,000명 방문 포트폴리오의 비밀 공개!
하루 5분 기록으로 인생이 바뀐다!

이다슬 지음 | 14,000원

나만의 캐릭터 만들기부터 **일러스트 드로잉**까지!
초등학생부터 대학생, 직장인까지 모두 도전해 보세요

나도 한번
해볼까?

된다!
사각사각 아이패드 드로잉
with 프로크리에이트

드로잉&캘리그라피&디자인을 한번에!
세 명의 프로 작가에게 배우는 1:1 집중 클래스

레이나, 임예진, 캘리스마인드 지음 | 440쪽 | 24,000원

아이패드 드로잉 & 페인팅
with 프로크리에이트

디즈니, 블리자드, 넷플릭스에서 활약하는
프로 작가 8명의 기법을 모두 담았다!

3dtotal Publishing 지음 | 김혜연 옮김 | 216쪽 | 20,000원

• 《아이패드 캐릭터 디자인 with 프로크리에이트》도
출간되었어요!